中学数学総整理
60日完成

新版

坂田　昭・評論社

はしがき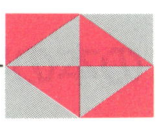

　中学校の数学の学習では，基礎的な知識や原理・法則を正しく理解し，数学的な表現や処理のしかたを身につけ，これらを活用する態度を育てることが大切です。

　このことは，学校で毎日の授業を通して育てられますが，3年生にとってはさらに，中学校での学習の総仕上げと高校入試に備える必要があるわけです。

　中学校での総仕上げ，高校入試の準備は，1年・2年・3年で使った教科書によって行うこともできるし，各学年で書いたノートによって行うこともできますが，一方では学習内容の効率的な整理に援助を求めている人もあり，また限られた日数で重点的に学習する方法を知りたい人もいます。このような人の希望にこたえ，学習の手助けができればと考え，この本を書きました。

　数学の学習では，一日一日の学習の積み重ねと一題ずつ自分の力で解決してゆく努力が，既習の事項をしっかりと自分のものとし，新しいアイディアを生み出す原動力になります。この本によって，毎日の学習をおろそかにせず，自分の手を通して，60日間の学習を継続するならば，がんばり抜いたという喜びとともに，数学についての自信と真の学力が大きく育つものと信じています。

坂　田　　昭

この本の特色

（1） 1日2ページ，60日で効果的な総まとめが完成

　　1日2ページずつ，60日で中学数学の重要事項が総仕上げできます。がんばって4ページずつやれば，1か月で終了します。

（2） 奇数日は要点学習と問題研究，偶数日には実力テスト

　　要点学習と問題研究の日には，要点の理解，重要事項の再確認，重要問題の解法がわかるようにしてあります。実力テストの日には，テスト，自己評価，弱点の強化ができるようにしてあります。

（3） 1，2年の復習→3年の強化→公立・国立・私立入試対策

　　内容の配列を，はじめに1，2年の内容，次に3年の内容，終わりに公立・国立・私立入試問題のようにしてあり，目標により順序の工夫ができるようにしてあります。

（4） 重要事項・間違いやすい点の再確認

　　要点の整理については，奇数日の要点学習によりますが，さらに「これだけは再確認しよう」によって，学習内容の理解，誤答防止を図ってあります。

（5） ひとりで学習するための豊富な解説・ヒント

　　重要問題の研究における〔考え方〕，解，解答編の⒣(ヒント) により，自学自習ができるように配慮してあります。

（6） 自己採点により，自分の学力レベルがわかる得点表

　　偶数日の実力テストには，配点，時間がついており，得点表には一応の基準が示されているので，自分の学力レベルがわかるようになっています。

（7） 公立・国立・私立入試問題による学力の強化

　　終わりに，国立・私立入試問題ものせ，国立・私立高校を受験する人，公立高校受験の仕上げをする人に役立つようにしてあります。

この本の使い方

（1） 1日2ページを計画的にやりましょう。

　　　数学の学習では積み重ねが大切です。1日に6ページやって2日休むという方法より，毎日2ページずつ3日学習するほうが効果があります。

（2）「要点学習と重要問題の研究」（奇数日）→「実力養成テストと強化問題」（偶数日）の2段方式を着実にやりぬきましょう。

　　　「要点・問題研究」と「テスト・強化問題」は直結した内容ですから，ページをとばさないようにすることが大切です。

（3） 奇数日には基本事項を理解し，重要問題の解法を研究しよう。

　　　「要点学習」は基本事項です。「これだけは再確認しよう」は基本事項を補足することがらです。「重要問題の研究」には，入試によく出る問題を取り上げてあります。解法のコツをつかみましょう。

（4） 偶数日には実力をためし，弱点を強化しましょう。

　　　「実力養成テスト」の解答は別に用意したノートで行い，解答編と比べて自分で採点しましょう。時間内に終わらないときも最後の問題まで解答し，時間を記録しておくとよいです。強化問題によって，問題を解く力がさらにつくようにしてあります。

（5） 国立・私立高校入試問題を活用しよう。

　　　国立・私立高校ではかなりむずかしい問題が出題されます。基本事項を生かして解答ができるよう出題形式に慣れ，解答の練習をしておくことが必要です。公立高校を受験する人も，この問題を活用しましょう。

（6） 発展的内容・問題（＊印）を学力の向上に役立てよう。

　　　＊印のついている内容・問題は，現行の教科書による授業では学習しませんが，中学校で学習する内容を系統的に発展させたものであり，数学の学力の向上，数学的考え方の充実に十分役立ちます。

学習計画表

	月／日	得点	評価
第 1 日　正の数・負の数…………10			
第 2 日　実力養成テスト…………12			
第 3 日　文字式・式の計算………14			
第 4 日　実力養成テスト…………16			
第 5 日　一元一次方程式…………18			
第 6 日　実力養成テスト…………20			
第 7 日　一元一次方程式の応用………22			
第 8 日　実力養成テスト…………24			
第 9 日　連立方程式………………26			
第 10 日　実力養成テスト…………28			
第 11 日　連立方程式の応用………30			
第 12 日　実力養成テスト…………32			
第 13 日　作　　図…………………34			
第 14 日　実力養成テスト…………36			
第 15 日　図形の対称………………38			
第 16 日　実力養成テスト…………40			

		月／日	得 点	評 価
第 17 日	立体図形・回転体・展開図・扇形 …………42			
第 18 日	実力養成テスト…………44			
第 19 日	平行線と角・多角形の角……46			
第 20 日	実力養成テスト…………48			
第 21 日	合同・三角形………………50			
第 22 日	実力養成テスト…………52			
第 23 日	四角形・*内心・*外心・*重心 ……54			
第 24 日	実力養成テスト…………56			
第 25 日	比例・反比例………………58			
第 26 日	実力養成テスト…………60			
第 27 日	一次関数……………………62			
第 28 日	実力養成テスト…………64			
第 29 日	確　　率……………………66			
第 30 日	実力養成テスト…………68			
第 31 日	平方根・多項式の乗法，除法・因数分解 ……70			
第 32 日	実力養成テスト…………72			
第 33 日	一元二次方程式……………74			
第 34 日	実力養成テスト…………76			

		月/日	得 点	評 価
第35日	関数 $y=ax^2$ ……………78			
第36日	実力養成テスト……………80			
第37日	$y=ax^2$ のグラフと図形 ……82			
第38日	実力養成テスト……………84			
第39日	相似・平行線と比例…………86			
第40日	実力養成テスト……………88			
第41日	三平方の定理………………90			
第42日	実力養成テスト……………92			
第43日	三平方の定理と立体図形……94			
第44日	実力養成テスト……………96			
第45日	円・接線・円周角と中心角…98			
第46日	実力養成テスト ……………100			
第47日	*内接四角形・ *接線と弦の作る角 …………102			
第48日	実力養成テスト ……………104			
第49日	円と三角形の相似 …………106			
第50日	実力養成テスト ……………108			

公立・国立・私立高校問題の研究

		月／日	得点	評価
第 51 日	数を中心とした問題 ………110			
第 52 日	式と計算を中心とした問題 …………112			
第 53 日	方程式を中心とした問題 …114			
第 54 日	連立方程式を中心とした問題 ………116			
第 55 日	一次関数を中心とした問題 …………118			
第 56 日	関数 $y=ax^2$ を中心とした問題 ……120			
第 57 日	確率を中心とした問題 ……122			
第 58 日	合同・相似を中心とした問題 ………124			
第 59 日	三平方の定理を中心とした問題 ……126			
第 60 日	円を中心とした問題 ………128			

解 答 編 ……………………………………別冊

第1日 正の数・負の数

要点学習

1. **絶対値** 正・負の数から＋・－の符号をとった数を，もとの数の絶対値という。0の絶対値は0である。
   - 例 ＋6の絶対値は6，－7の絶対値は7

2. **2数の加法**
   - ○ 同符号の2数の和は絶対値の和に共通の符号をつける。
     - 例 $(-6)+(-5)=-(6+5)=-11$
   - ○ 異符号の2数の和は絶対値の差に絶対値の大きい方の数の符号をつける。
     - 例 $(+10)+(-7)=+(10-7)=+3$, $(+3)+(-8)=-(8-3)=-5$

3. **減法** ひく数の符号を変えて，ひかれる数に加える。
   - 例 $(+2)-(+8)=(+2)+(-8)=-6$,
     $(-7)-(-9)=(-7)+(+9)=+2$

4. **2数の乗・除法**
   - ○ 同符号の2数の積（商）は，絶対値の積（商）に＋の符号をつける。
     - 例 $(-8)\times(-3)=+(8\times3)=+24$, $(-18)\div(-6)=+(18\div6)=+3$
   - ○ 異符号の2数の積（商）は，絶対値の積（商）に－の符号をつける。
     - 例 $(+2)\times(-5)=-(2\times5)=-10$, $(-15)\div(+3)=-(15\div3)=-5$

● これだけは再確認しよう ●

(1) 0は正の数でも負の数でもない
0より大きい数が正の数，
0より小さい数が負の数である。
正の数＞0＞負の数

(2) 負の数は絶対値が小さいほど大きい

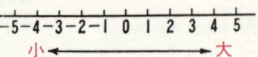

(3) 多くの数の加法
$(+3)+(-6)+(+5)+(-9)$
$=(+3)+(+5)+(-6)+(-9)$
$=(+8)+(-15)=-7$
$-7+2-8+3=2+3-7-8$
$=5-15=-10$

のように，まず正の数・負の数に分けて計算するとよい。

(4) 乗・除法だけの計算は，まず答の符号をきめるとよい。(0をふくまないとき)
負の数が偶数個のとき ⇨ 符号は＋
負の数が奇数個のとき ⇨ 符号は－
$(-3)\times(-6)\div(+2)=+\dfrac{3\times6}{2}$
$(-3)\times(-6)\div(-2)=-\dfrac{3\times6}{2}$

(5) 負の数の累乗
負の数の偶数乗 ⇨ 符号は＋
負の数の奇数乗 ⇨ 符号は－
$(-2)^4=+2^4=+16$
$(-2)^3=-2^3=-8$

＜例題 A＞

a は正の数，b は負の数で，$a+b<0$ である。このとき，4 つの数 a, b, $-a$, $-b$ の大小を不等号を使って示せ。

$a>0$ であれば，
　$-a<0$ であり
$b<0$ であれば，
　$-b>0$ である。

[解] $a>0$, $b<0$ で，かつ，$a+b<0$ であることは a の絶対値が b の絶対値より小さいことを示している。$a>0$, $b<0$ であるから，$-a<0$, $-b>0$ である。ゆえに，$-b$, a, $-a$, b の順に大きい。

[答] $-b>a>-a>b$

＜例題 B＞

次の計算をせよ。
(1) $-6-3+10+7-5$
(2) $-0.7-\{1.4-(0.8+1.5)\}$
(3) $-12\div 9\times(-15)$

(1) $10+7+(-6)+(-3)+(-5)$
(2) ( )からはずす。
(3) 負の数が2個，偶数であるから，符号は＋

[解] (1) $10+7-6-3-5=17-14=\mathbf{3}$
(2) $-0.7-\{1.4-2.3\}=-0.7-\{-0.9\}$
　　$=-0.7+0.9=\mathbf{0.2}$
(3) $\dfrac{12\times 15}{9}=20$

＜例題 C＞

次の計算をせよ。
(1) $18\times(-2)^3\div 3^2$
(2) $-5^2-(-5)^2\times 3$

(2) $-5^2=-(5\times 5)$
　　$=-25$
　　$(-5)^2=(-5)\times(-5)$

[解] (1) $18\times(-8)\div 9=-\dfrac{18\times 8}{9}=\mathbf{-16}$
(2) $-25-25\times 3=-25-75=\mathbf{-100}$

＜例題 D＞

2数 a, b が，$a<0$, $b>0$ であるとき，計算の結果がつねに負の数になるものを，下から選べ。
ア．$a+b$　　イ．$a-b$　　ウ．$-a+b$　　エ．$a\times b^2$

ア．$-3+5>0$, $-3+3=0$, $-3+1<0$ の場合がある。

[解] ア．$a+b>0$, $a+b=0$, $a+b<0$ のときがある。
イ．$a+(-b)<0$　　ウ．$(-a)+b>0$
エ．$a<0$, $b^2>0$ ∴ $a\times b^2<0$　　[答] **イ，エ**

第2日 実力養成テスト──正の数・負の数

1 次の計算をしなさい。 (各3点)

(1) $10-(-4)+(-7)$
(2) $-7-(-4)+5$
(3) $4\times(-3)+5$
(4) $3\times(-2)-(-9)$
(5) $19-(-18)\div(-3)$
(6) $10+24\div(-6)$
(7) $(-2)^2-(-9)\div 3$
(8) $5\times 3-(-2)^2\times 6$
(9) $7-(-4)^2\div(-2)^3$
(10) $\left(-\dfrac{2}{3}\right)^2\div 4-\dfrac{1}{5}\times\left(-\dfrac{5}{6}\right)$

2 右の表は、5人の生徒A～Eの身長を、C君の身長($l$cm)を基準にして示したものである。これについて、次の問いに答えなさい。 (各4点)

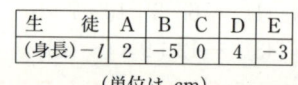

(単位は cm)

生徒	A	B	C	D	E
身長	$-l$	2	-5	0	4	-3

(1) D君の身長は、最も低い生徒の身長よりどれだけ高いですか。
(2) E君の身長を、lの式で表しなさい。
(3) 5人の身長の平均を、lの最も簡単な式で表しなさい。

3 $a>0$, $b<0$ のとき、a, b の絶対値の大小に関係なく、つねに成り立つ式を①～⑩の中から選び、その番号を全部書きなさい。 (5点)

① $a+b>0$ ② $a+b<0$ ③ $a-b>0$ ④ $a-b<0$
⑤ $a^2+b^2>0$ ⑥ $a^2-b^2>0$ ⑦ $a^2-b^2<0$ ⑧ $a^3+b^3>0$
⑨ $a^3-b^3>0$ ⑩ $a^3-b^3<0$

4 2数A，Bがある。いま $A+B>0$ かつ $AB>0$ なら、$A>0$, $B>0$ となり記号 a となる。次の場合はそれぞれ右のどの記号になりますか。 (各4点)

記号
A>0, B>0 ……a
A>0, B<0 ……b
A=0, B<0 ……c
A<0, B>0 ……d
A<0, B<0 ……e
A=0, B=0 ……f
判定できない……g

(1) $A<B$ かつ $A+B>0$ のとき
(2) $AB>0$ かつ $A+B<0$ のとき
(3) $AB<0$ かつ $A-B<0$ のとき
(4) $AB\leqq 0$ かつ $A-B=0$ のとき

5 3つの数 x, y, z がある。$yz>0$, $xyz<0$, $y+z<0$ のとき x, y, z の符号を$+$，$-$で表しなさい。 (5点)

6 次の□の中にあてはまる式を，下の①から⑥までのなかから，それぞれ2つずつ適当に組み合わせて，番号を書き入れなさい。 (各4点)
(1) □，□ ならば，a も b も 0 である。
(2) □，□ ならば，a も b も負の数である。
　① $a+b<0$　② $a+b=0$　③ $a+b>0$
　④ $ab<0$　⑤ $ab=0$　⑥ $ab>0$

7 次の問いに答えなさい。 (各4点)
(1) 絶対値が7である数を求めなさい。
(2) -3 より絶対値が2大きい数を求めなさい。
(3) -0.3, 2, -4, 0.1 を絶対値の大きい順にかきなさい。

8 次の□にあてはまる数を求めなさい。 (各3点)
(1) $5-\square+(-7)=10$
(2) $-3\times\square-(-5)\times(-2)=2$
(3) $-17-(-6)^2\div\square=7-20$
(4) $(8-\square)\times(-3)^2=-39\times(-3)$

■ 強化問題 ■

(1) 次の問いに答えなさい。
　① 2より6小さい数を求めなさい。
　② 5より-7大きい数を求めなさい。

(2) 次の計算をしなさい。
　① $-6-9+8$
　② $-10\times12\div(-8)$
　③ $18\div(-27)\times6$
　④ $-6^2+(-6)^2$
　⑤ $11-(-2)\times(-3)$
　⑥ $8-(-4)^2\div(-8)$

(3) 次の問いに答えなさい。
　① -0.3, $-\dfrac{1}{3}$, $-\dfrac{2}{5}$ を大きい順にかきなさい。
　② 6, -4, -8, 3, -1 の平均を求めなさい。

(4) $a>0$, $b<0$ であるとき，次の式の中で値が，正の数，0，負の数になることのあるのはどれですか。
　① $a+b$　② $a-b$
　③ $-a+b$　④ $-a-b$

(5) 下の表は，A〜F 6人の生徒のテストの得点とCの得点との差を表したものである。

	A	B	C	D	E	F
得点−Cの得点	−4	3	0	−8	−2	2

　① AはEより何点得点が多いか。
　② Cの得点が85点のとき，この6人の得点の平均を求めなさい。

時間	40分	得点		基準	A…88点以上　B…87点〜60点　C…59点以下

第3日 文字式・式の計算

要点学習

1. **文字式の表し方**
   - ○ 積　×の記号を省略する。数と文字の積は数を前にかく。文字の積はアルファベット順にかく。同じ文字の積は累乗の形にかく。
   - ○ 商　÷の記号を省略し、分数の形で表す。

   例　$b \times a \times (-3) = -3ab$, $x \div y \div y = \dfrac{x}{y^2}$

2. **単項式の加法**

   係数の和を係数とし、共通の文字因数を文字因数とする単項式をつくる。

   例　$3a + 5a = (3+5)a = 8a$, $-x^2 + 6x^2 = (-1+6)x^2 = 5x^2$

3. **単項式の減法**

   引く式の符号を変えて、引かれる式に加える。

   例　$2a - 6a = 2a + (-6a) = \{2 + (-6)\}a = -4a$

4. **単項式の乗法**

   係数の積を係数とし、文字因数の積を文字因数とする単項式をつくる。

   例　$-3ab^2 \times 2ab = -3 \times 2 \times a \times a \times b^2 \times b = -6a^2b^3$

5. **単項式の除法**

   係数の商を係数とし、文字因数の商を文字因数とする単項式をつくる。

   例　$18a^3b^2 \div (-9a^2b) = \dfrac{18}{-9} \times \dfrac{a^3}{a^2} \times \dfrac{b^2}{b} = -2ab$

● これだけは再確認しよう ●

(1) 同類項でないものは、1つにまとめない

　$a + a = 2a$ であるが $a + b$ はこの式が和を表す。

(2) x の係数は1, $-x^2$ の係数は -1

　$4x + x = (4+1)x = 5x$
　$4x - x = (4-1)x = 3x$

(3) 加・減法だけのときは、加法として計算するとよい。

　$-2a + 5a - 4a = (-2+5-4)a = -a$

(4) 多項式の加・減法

　$3a + (-2a + b) = 3a - 2a + b$
　$= (3-2)a + b = a + b$
　$3a - (-2a + b) = 3a - (-2a) - b$
　$= 3a + 2a - b = (3+2)a - b$
　$= 5a - b$

(5) 指数法則を知っていると便利

　$a^m \times a^n = a^{m+n}$,　$(a^m)^n = a^{mn}$
　$(ab)^m = a^m b^m$
　$\dfrac{a^m}{a^n} = a^{m-n}$ $(m > n)$
　$\dfrac{a^m}{a^n} = \dfrac{1}{a^{n-m}}$ $(m < n)$
　$a^0 = 1$

＜例題 A＞
(1) 定価 100 円の品物を p 割引で買うとき，いくら支払えばよいか。
(2) 男子 7 名，女子 5 名，計 12 名の数学のテストの平均点は x 点，そのうち男子だけの平均点は y 点であった。女子だけの平均点を x, y を用いた式で表せ。

(1) 1 割 $= \dfrac{1}{10}$

　　p 割 $= \dfrac{1}{10} \times p = \dfrac{p}{10}$

　　または，$0.1p$

(2) 平均点
　＝（合計点）÷（人数）

[解] (1) $100 - 100 \times \dfrac{p}{10} = \mathbf{100 - 10p}$（円）

　　または，$100 \times \left(1 - \dfrac{p}{10}\right) = \mathbf{100\left(1 - \dfrac{p}{10}\right)}$（円）

(2) 男子の得点合計　$y \times 7 = 7y$（点）
　　女子の得点合計　$x \times 12 - 7y = 12x - 7y$（点）
　　女子だけの平均点　$(12x - 7y) \div 5$（点）

　　　　　　　　　　[答] $\dfrac{12x - 7y}{5}$ 点

＜例題 B＞
(1) $x = -3$ のときの $x^2 - 5x - 10$ の式の値を求めよ。
(2) $a = -2, b = 5$ のときの $a^2 - ab - b^2$ の式の値を求めよ。

x^2 に $x = -3$ を代入すると $(-3)^2$

[解] (1) $(-3)^2 - 5 \times (-3) - 10 = 9 + 15 - 10 = \mathbf{14}$
(2) $(-2)^2 - (-2) \times 5 - 5^2 = 4 + 10 - 25 = \mathbf{-11}$

＜例題 C＞
(1) $(3a^2)^2 \times (-9ab^2) \div (9a^2b)^2$　　(2) $3(a - 2b) - 4(2a - 3b)$
(3) $\dfrac{3x + y}{2} - \dfrac{4x - y}{3}$

(1) $(3a^2)^2, (9a^2b)^2$ をまず計算する。
(2) かっこをはずして，同類項をまとめる。
(3) 通分して分母を 6 にする。

[解] (1) $9a^4 \times (-9ab^2) \div 81a^4b^2 = \mathbf{-a}$
(2) $3a - 6b - 8a + 12b = \mathbf{-5a + 6b}$
(3) $\dfrac{3(3x + y)}{6} - \dfrac{2(4x - y)}{6}$

　　　$= \dfrac{9x + 3y - 8x + 2y}{6}$

　　　$= \dfrac{\mathbf{x + 5y}}{6}$

第4日

実力養成テスト ── 文字式・式の計算

1 次の問いに答えなさい。　　　　　　　　　　　　　　（各3点）

(1) 男子20人，女子25人のクラスで数学のテストをしたところ，男子の平均点は a 点で，女子の平均点は男子より1.8点高かった。このクラス全体の平均点を求めなさい。

(2) a g の水と b g の食塩をまぜると何パーセントの食塩水ができますか。

(3) ある商品は1個につき，売れると100円の利益があり，売れ残ると60円の損失になる。この商品を a 個仕入れて，その2割が売れ残るとすると，1個についていくらの利益が期待できますか。

2 たて24 cm，よこ35 cm の長方形の厚紙がある。その四すみから，1辺の長さが x cm の正方形を切り取り，残りの部分を折りまげて，ふたのない箱を作ろうと思う。これについて，次の(1)，(2)の問いに答えなさい。　（各4点）

(1) x のとる値の範囲は，$0<x<\boxed{}$ である。$\boxed{}$ にあてはまる数を求めなさい。

(2) 箱の容積を x を用いた式で表しなさい。

3 次の問いに答えなさい。　　　　　　　　　　　　　　（各3点）

(1) y kg の米を10 kg ずつ袋につめたら，x 袋できて a kg だけ余った。y を x と a で表しなさい。

(2) 20 km 離れた A，B両地点があるとき，A地から出発して，最初の x km を時速5 km で歩き，残りを時速4 km で歩いて，y 時間かかってB地についた。この文章を等式に表しなさい。

(3) 周囲1 km の池のまわりを，A，B 2人が同時に同所を出発して反対方向に歩いたら10分ごとに出会うという。A，Bの時速をそれぞれ x km，y km とするとき，x，y の関係式をつくりなさい。

4 ある整数Aを6でわったら，商が p，余りが5である。また，その商 p を4でわったら，商が q，余りが1である。次の問いに答えなさい。　（各3点）

(1) 整数Aを p の式で表しなさい。

(2) 整数Aを q の式で表しなさい。

(3) 整数Aを8でわったときの余りを求めなさい。

5 次の計算をしなさい。　　　　　　　　　　　　　　　（各3点）

(1) $3a+2(a-1)$　　　　　(2) $2x-3y-2(3x-2y)$

(3)　$3(2a+b)+4(a-b)$
(4)　$5(x+2y)-3(2x-y)$
(5)　$\dfrac{y}{2}+\dfrac{x-y}{3}$
(6)　$a-\dfrac{a-2b}{2}$
(7)　$\dfrac{x-2}{2}+\dfrac{x-1}{3}$
(8)　$\dfrac{3x-4y}{5}-\dfrac{x-3y}{10}$

6　次の計算をしなさい。　　　　　　　　　　　　　　　　　　　　　　　（各4点）
(1)　$(3x)^2\times x$
(2)　$(-2a^2b^3)\times 3ab^2c^3$
(3)　$16x^5\div(-2x^2)$
(4)　$8a^3b^5\div(-2ab^2)^2$
(5)　$2ab^3\times(-6a^2b)\div(-4ab)$
(6)　$3ab\div 6a^2\times(-4ab)$
(7)　$\dfrac{6}{5}x^3y\div\left(-\dfrac{3}{5}xy\right)$
(8)　$(-3xy)^2\times 2x^3y\div\left(-\dfrac{1}{3}xy^2\right)$

7　次の問いに答えなさい。　　　　　　　　　　　　　　　　　　　　　　（各3点）
(1)　$x=-3$ のとき，x^2-2x-7 の式の値を求めなさい。
(2)　$a=-2$，$b=4$ のとき，a^2+ab-b^2 の式の値を求めなさい。
(3)　$a=3$，$b=-1$，$c=-5$ のとき，$(a-b)(b-c)$ の式の値を求めなさい。

強化問題

（1）　次の問いに答えなさい。
① テストの結果7人の平均点が a 点，そのうち6人の平均点が b 点のとき，残りの1人の得点を求めなさい。
② 百の位の数が x，十の位の数が y，一の位の数が z の3けたの正の整数を式で表しなさい。
③ $a\%$ の食塩水 b g にふくまれる食塩は何 g ですか。

（2）　次の問いに答えなさい。
① a を b でわったとき，商が c，余りが d であった。b を a，c，d で表しなさい。
② n 人の生徒のうち，兄のいる者が a 人，姉のいる者が b 人，兄も姉もいない者が c 人である。兄も姉もいる者を x 人とするとき，x を a，b，c，n を用いて表しなさい。

（3）　次の計算をしなさい。
①　$-6x+3y+5x-y$
②　$4(2a-b)-3(a+2b)$
③　$\dfrac{x-3}{2}-\dfrac{x-2}{3}$
④　$2ab\times(-3a^2b)$
⑤　$(-2xy)^2\div 4xy^2$
⑥　$3a\times 6a^2b\div(-9ab)$
⑦　$4a^2b\div(-2ab)^2\times 3ab^2$

時間	45分	得点		基準	A…90点以上　B…89点〜70点　C…69点以下

第5日 一元一次方程式

要点学習

1. **方程式を解く** 方程式を成り立たせる文字の値を方程式の解といい，解をすべて求めることを方程式を解くという。

   例 $x+3=2$ の解は，$x=-1$ とかく。

2. **等式の性質**
   - $A=B$ ならば $A+C=B+C$ 　例 $x-3=2 \rightarrow x-3+3=2+3$
   - $A=B$ ならば $A-C=B-C$ 　例 $x+4=1 \rightarrow x+4-4=1-4$
   - $A=B$ ならば $AC=BC$ 　例 $\dfrac{x}{3}=5 \rightarrow \dfrac{x}{3}\times 3=5\times 3$
   - $A=B$ ならば $\dfrac{A}{C}=\dfrac{B}{C}$，$C\neq 0$ 　例 $2x=6 \rightarrow \dfrac{2x}{2}=\dfrac{6}{2}$

3. **方程式の解き方**
   - 分母の最小公倍数を両辺にかける。
   - かっこをはずす。　　　　○ 移項する。
   - せいとんして，$ax=b$ にする。　　○ x の係数 a で両辺をわる。

● これだけは再確認しよう ●

(1) 方程式を成り立たせる
文字に値を代入したとき，左辺の式の値と右辺の式の値が等しくなる。

(2) 移項
等式の左（右）辺の項の符号を変えて右（左）辺へ移しても，等式は成り立つ。

$a+b=c \qquad a=b-c$
$\qquad a=c-b \qquad a+c=b$

(3) 公式の変形
等式の性質を使って，公式を変形することができる。

$l=2(a+b)$ ……かっこをはずす
$l=2a+2b$ ……$2b$ を移項する
$l-2b=2a$ ……両辺を2でわる
$\dfrac{l-2b}{2}=a$

(4) 方程式の解き方

$\dfrac{2x+3}{3}-\dfrac{x-1}{2}=2$ ……両辺を6倍する。

$\dfrac{6(2x+3)}{3}-\dfrac{6(x-1)}{2}=2\times 6$
$2(2x+3)-3(x-1)=12$
$4x+6-3x+3=12$
$4x-3x=12-6-3$
$x=3$

(5) 解と変域を比べる
$3x+1=2$ は，x の変域が整数であれば解をもたない。

＜例題 A＞

方程式 $4-\dfrac{3x-1}{4}=\dfrac{2}{3}(2x-3)$ を解け。

係数の分数を整数にするため，両辺に4と3の最小公倍数12をかける。
　かっこをはずすとき符号に注意する。
　$-3(3x-1)=-9x-3$
ではなく，$-9x+3$ である。

解
$$4\times 12-\dfrac{12(3x-1)}{4}=\dfrac{12\times 2(2x-3)}{3}$$
$$48-3(3x-1)=8(2x-3)$$
$$48-9x+3=16x-24$$
$$-9x-16x=-24-48-3$$
$$-25x=-75$$
$$x=3$$

＜例題 B＞

$S=2(ab+bc+ac)$ を，a について解け。

a を文字，他の文字を数として，等式の性質によって変形する。
　$2ab=S-2bc-2ac$
の両辺を $2b$ でわった式が解答ではない。

解
$$2(ab+bc+ac)=S$$
$$2ab+2bc+2ac=S$$
$$2ab+2ac=S-2bc$$
$$2a(b+c)=S-2bc$$
$$\therefore\ a=\dfrac{S-2bc}{2(b+c)}$$

＜例題 C＞

x についての方程式 $4(x-a)=3x-2a$ の解が，$x=4$ であるとき，a の値を求めよ。

$x=4$ が解であるとき，方程式
　$4(x-a)=3x-2a$
に代入しても等式は成りたつ。
　$4(4-a)=3\times 4-2a$

解 方程式 $4(x-a)=3x-2a$ に $x=4$ を代入すると，
$$4(4-a)=3\times 4-2a$$
$$4(4-a)=12-2a$$
この方程式を a について解くと，
$$16-4a=12-2a$$
$$-4a+2a=12-16$$
$$-2a=-4$$
$$a=2$$

第6日

実力養成テスト──一元一次方程式

1 次の方程式の中から，解が $x=-3$ であるものを選び，記号で答えなさい。
ア $x-4=-1$ イ $7-x=10$ ウ $\dfrac{x}{3}+5=x+7$
エ $4x+3=2x-3$ オ $8-3(x+5)=2$ カ $\dfrac{2x-3}{9}+\dfrac{x+7}{2}=1$
(5点)

2 次の方程式を解きなさい。 (各3点)
(1) $2x-1=x+2$
(2) $6+2x=5x-9$
(3) $2(x-3)=4x-7$
(4) $3(2x-1)-5=4x-10$
(5) $3(2x-5)-4x=5x+6$
(6) $7x-2(3x-2)=4x-5$

3 次の方程式を解きなさい。 (各3点)
(1) $\dfrac{x}{2}-3=1$
(2) $6-\dfrac{x}{3}=5$
(3) $\dfrac{2}{3}x+1=x-1$
(4) $2x-1=\dfrac{4x+5}{3}$
(5) $\dfrac{2x+4}{5}-\dfrac{x-1}{2}=1$
(6) $5-\dfrac{2x-3}{3}=\dfrac{1}{2}(3x-1)$

4 次の問いに答えなさい。 (各4点)
(1) x についての方程式 $x+a=5-2x$ が 2 の解をもつとき，a の値を求めなさい。
(2) x についての方程式 $3ax+a+26=0$ の解が 4 となるようにしたい。a の値はいくらですか。
(3) x についての方程式 $3(a-x)=x-2a+9$ の解が $x=4$ であるとき，a の値を求めなさい。

5 次の等式を右の( )の中の文字について解きなさい。 (各3点)
(1) $a+b=c$ (a)
(2) $a-b=c$ (b)
(3) $ab=c$ (a)
(4) $ab=cd$ (b)
(5) $\dfrac{b}{a}=c$ (b)
(6) $\dfrac{b}{a}=\dfrac{d}{c}$ (d)

6 次の問いに答えなさい。 (各3点)
(1) 等式 $l=2(x+y)$ を x について解きなさい。
(2) 等式 $a=b(c+d)$ を b について解きなさい。
(3) $A=a(1+nr)$ から n を求める式を作りなさい。
(4) $m=\dfrac{1}{2}(a+b)$ を a について解きなさい。
(5) $S=\dfrac{ar}{1-r}$ (a, S は正の数) があるとき，r を他の文字で表しなさい。

7 上底 a, 下底 b, 高さ h の台形の面積を S とすると, $S=\dfrac{1}{2}(a+b)h$ である。次の問いに答えなさい。 (各3点)

(1) $S=\dfrac{1}{2}(a+b)h$ を h について解きなさい。

(2) $S=\dfrac{1}{2}(a+b)h$ を a について解きなさい。

8 たて a, よこ b, 高さ c の直方体の表面積を S, 体積を V とすると, $S=2(ab+bc+ac)$, $V=abc$ である。次の問いに答えなさい。 (各4点)

(1) $S=2(ab+bc+ac)$ を a について解きなさい。

(2) $V=abc$ を b について解きなさい。

強化問題

(1) 次の問いに答えなさい。
① -3 は方程式 $4x-5=2x-11$ の解ですか。
② 方程式 $3x-2(x-5)=6-x$ の解を, $\{-3, -2, -1\}$ の中からえらびなさい。

(2) 下の㋐〜㋒の方程式のうち, $x=2$ が解になるものを㋐〜㋒からすべて選び, その記号を書きなさい。
㋐ $x-3=1$　㋑ $3x=6$
㋒ $2x+1=5$　㋓ $2x-3=x$
㋔ $\dfrac{1}{2}x=1$

(3) 次の方程式を解きなさい。
① $5x-17=-2$
② $x+4=3x-6$
③ $2(x-3)=-10$
④ $17-3(x-2)=35$
⑤ $(x+1):(2x-1)=2:3$
⑥ $\dfrac{x}{2}+1=\dfrac{x}{3}-1$
⑦ $x-\dfrac{x-1}{3}=1$
⑧ $\dfrac{x}{2}-\dfrac{x+1}{5}=1$

(4) 次の等式を右の( )の中の文字について解きなさい。
① $l=a+b+c$　　(b)
② $S=\dfrac{1}{2}ab$　　(a)
③ $V=a^2h$　　(h)
④ $V=\dfrac{1}{3}\pi r^2 h$　　(h)
⑤ $2x+3y-6=0$　　(y)

(5) 2けたの自然数 c がある。この数の十の位の数を a, 一の位の数を b とすると, $10a+b=c$ と表される。この等式を a について解きなさい。

(6) 時速 a km で x 時間, 時速 b km で y 時間歩いた距離の合計を s km とすると, $ax+by=s$ と表される。この等式を y について解きなさい。

(7) a, b, c の間に, $\dfrac{1}{a}+\dfrac{1}{b}=\dfrac{1}{c}$ の関係式が成り立つとき, 次の問いに答えなさい。
① この等式を c について解きなさい。
② この等式を a について解きなさい。

時間	50分	得点		基準	A…88点以上　B…87点〜70点　C…69点以下

第7日 一元一次方程式の応用

要点学習

1. 方程式の応用（文章題）
- 問題の中の数量の相等関係を見出す。
- 何を求めているかを考えて，文字を1つきめる。
- 方程式を1つ立てる。　　○ 方程式を解く。
- 求めた解が題意に適するか確かめて，答をきめる。

2. 速さの問題　　次の関係が基本になる。
- 距離＝速さ×時間　　○ 速さ＝$\dfrac{距離}{時間}$　　○ 時間＝$\dfrac{距離}{速さ}$

3. 売買の問題　　次の関係が基本になる。
- 売上額＝仕入額＋利益　　○ 利益＝仕入額×利益の割合
- 仕入額＝$\dfrac{利益}{利益の割合}$　　○ 利益の割合＝$\dfrac{利益}{仕入額}$

4. 食塩水の問題　　次の関係が基本になる。
- 食塩の量＝食塩水の量×濃度
- 食塩水の量＝$\dfrac{食塩の量}{濃度}$　　○ 濃度＝$\dfrac{食塩の量}{食塩水の量}$

● これだけは再確認しよう ●

（1）相等関係を見出す
- 等しい関係
- 1つの量を2通りに表せる関係
- 数量関係の公式

などに留意する。たとえば，
　　行きの時間＋帰りの時間
　　＝往復の時間

（2）文字を1つきめる
　求める数量をxとするとよいことが多い。
　求める数量をxとする方程式が立てにくいときは，他の数量をxとする。

（3）題意に適するか確かめる
- xの値の変域に注意する。
- 求める数量をxにしなかったときは，答をきめるときに留意する。

（4）速さの問題　単位をそろえる。
　距離の単位は，kmかmか。
　速さの単位は，時速か分速か秒速か。
　時間の単位は，時間か分か秒か。

（5）食塩水の問題
　食塩水＝食塩＋水
- 食塩水に水を加えても，食塩の量は変わらない。
- 食塩水の水をじょうはつさせても，食塩の量は変わらない。

＜例題 A＞

ある展覧会で，おとなの入場者数は子どもの入場者数より74人少なく，また，子どもの入場者数はおとなの入場者数の2倍より6人多かった。入場者数はおとなと子どもあわせて何人であったか。

子どもの人数かおとなの人数をx人とする。
おとなの人数をx人とすると，子どもの人数は$x+74$(人)，方程式は
$x+74=2x+6$

[解] 子どもの入場者数をx人とすると，おとなの入場者数は$(x-74)$人
xが$(x-74)\times 2$より6多いから，
$$x=2(x-74)+6$$
この方程式を解くと，$x=142$
おとなの入場者数は $142-74=68$(人)
よって，$142+68=210$(人) [答] 210人

＜例題 B＞

8％の食塩水に水を加えて，3％の食塩水を240gつくりたい。8％の食塩水何gに水を何g加えればよいか。

水の量をxgとすると8％の食塩水は$(240-x)$g
食塩の量は変わらないから，
$$0.08(240-x)=240\times 0.03$$

[解] 8％の食塩水をxgとすると，水の量は，$(240-x)$g，水を加えても食塩の量は変わらないから，$0.08x=240\times 0.03$
この方程式を解くと，$x=90$
水の量は，$240-90=150$(g)
[答] 8％の食塩水 90g，水 150g

＜例題 C＞

長さ362mの貨物列車が，ある鉄橋を渡りはじめてから，渡り終わるまでに1分25秒かかった。また，長さ254mの急行列車が，前記の貨物列車の2倍の速さで，この鉄橋を渡ったら38秒かかった。鉄橋の長さを求めよ。

貨物列車の秒速は
$\dfrac{362+x}{85}$m/秒
急行列車の秒速は
$\dfrac{254+x}{38}$m/秒
で，急行列車は貨物列車の2倍の速さである。

[解] 鉄橋の長さをxmとすると，
$$\frac{2(362+x)}{85}=\frac{254+x}{38}$$
$$76(362+x)=85(254+x)$$
$$27512+76x=21590+85x$$
$$76x-85x=21590-27512$$
$$-9x=-5922$$
$$x=658$$
[答] 658m

第8日

実力養成テスト──一元一次方程式の応用

1 ある数 x の3倍から8を引いたら4になった。x を求めなさい。　　（9点）

2 次の問いに答えなさい。　　（各9点）
(1) ある品物を定価の20％引きで3個買い，1000円を出したら40円のおつりがあった。この品物1個の定価を求めなさい。
(2) 300円のかごに1個180円のりんごと1個240円のいよかんを合わせて13個つめ，ちょうど3000円にしたい。りんごといよかんをそれぞれ何個つめればよいですか。りんごの個数を x 個として，方程式を立てて解きなさい。

3 「講堂に生徒を入れるのに，長いす1脚に5人ずつかけさせると30人が余り，6人ずつかけさせると，ちょうど長いすが2脚余った。」このことについて，次の(1),(2)に答えなさい。　　（各9点）
(1) 長いすの数を x 脚として，方程式を作ると次のようになる。
　　$5x+30=6(x-2)$
　　この式を用いて，生徒数を求めなさい。
(2) 生徒を x 人として，一元一次方程式を作りなさい。

4 次の問いに答えなさい。　　（各9点）
(1) 濃度9％の食塩水80gに，水を何g加えると濃度6％の食塩水になりますか。
(2) 濃度2％の食塩水300gから，水を何gじょうはつさせると濃度3％の食塩水になりますか。

5 中学生のあるグループが幼稚園を訪問することになり，園児たちへのプレゼントとして，カップケーキとシュークリームを作ることにした。
　カップケーキ4個を作るために使う小麦粉は50gであり，シュークリーム8個を作るために使う小麦粉は70gであるという。これまでに，小麦粉を2kg使って，カップケーキとシュークリームを合わせて208個作った。
　このとき，これまでに作ったカップケーキの個数を求めなさい。　　（10点）

6 ある学校の3年生全体について，兄のいない生徒，弟のいない生徒の人数を調べた。その結果，兄のいない生徒は全体の $\frac{5}{7}$，弟のいない生徒は全体の $\frac{4}{7}$，兄，弟ともいない生徒は，兄のいない生徒の $\frac{3}{5}$ であった。また，兄，弟ともいる生徒は20人であった。この学校の3年生全体の生徒数を求めなさい。（9点）

7 A地点より5400 mはなれたC地点に行くのに，はじめは毎分75 mの速さで歩き，途中のB地点から毎分100 mの速さに変えたら，全部で60分かかった。AからBまでにかかった時間は何分ですか。（9点）

8 ある展覧会の入場料は，大人300円，子ども150円である。ある日の入場者数は350人で，入場料の合計額は84000円であった。子どもの入場者数を求めなさい。（9点）

強化問題

（1） ある数xの$\frac{1}{3}$に5を加えたら3になった。xを求めなさい。

（2） 「ノートをあるクラスの生徒に配るのに，1人に3冊ずつ配ると22冊余り，4冊ずつ配ると6冊たりない。このとき，ノートの冊数を求めなさい。」という問題に対して，春子と良男は，次のように考えた。

〔春子の考え方〕
　ノートの冊数をx冊として，生徒の人数をxを用いた式で表す。
〔良男の考え方〕
　生徒の人数をx人として，ノートの冊数をxを用いた式で表す。

春子，または良男のどちらか一方の考え方を選んで名前を書き，方程式をつくり，ノートの冊数を求めなさい。

（3） 「一郎，次郎，三郎の兄弟3人でコンピュータのソフトウエアを次のようにお金を出し合って買った。一郎は代金の半分より300円多くお金を出し，次郎は一郎の出したお金の$\frac{2}{3}$だけ出し，三郎は次郎の出したお金の$\frac{1}{3}$より200円多く出した。このソフトウエアの代金はいくらか求めなさい。」という問題を花子は次のように解いた。 ① ～ ④ にあてはまる数または式を，簡単な形で求めなさい。

　コンピュータのソフトウエアの代金をx円とし，3人の出したお金をxを用いてそれぞれ表すと，一郎の出したお金は（ ① ）円，次郎の出したお金は（ ② ）円，三郎の出したお金は（ ③ ）円となる。これらのことから方程式をつくると，$x =$（ ① ）+（ ② ）+（ ③ ）となり，これを解くと，$x =$ ④ となるから，ソフトウェアの代金は ④ 円である。

（4） x kmの道のりを，行きは毎時4 km，帰りは毎時6 kmの速さで歩き，往復に4時間10分かかった。x kmを求めなさい。

| 時間 | 60分 | 得点 | | 基準 | A…82点以上　B…81点～64点　C…63点以下 |

第9日 連立方程式

要点学習

1. **二元一次方程式** 文字を2つふくむ一次の等式をいう。
2. **二元一次方程式の解** 二元一次方程式を成り立たせる文字の値の組をいい,解を求めることを解くという。
3. **連立二元一次方程式** 2つの二元一次方程式を組にしたものをいう。この2つの方程式を同時に成り立たせる文字の値の組を解といい,解を求めることを解くという。
4. **連立二元一次方程式の解き方**
   (1) 代入法 $\begin{cases} ax+by=c \\ y=dx+e \end{cases}$ ⇨ $ax+b(dx+e)=c$
   (2) 加減法 $\begin{cases} ax+by=c \\ ax-by=d \end{cases}$ ⇨
   $\begin{array}{r} ax+by=c \\ +)\ ax-by=d \\ \hline 2ax\ \ \ \ =c+d \end{array}$
   $\begin{array}{r} ax+by=c \\ -)\ ax-by=d \\ \hline 2by=c-d \end{array}$

● これだけは再確認しよう ●

(1) **二元一次方程式の解**
　$(3, -2)$ は $2x-y=8$ を成り立たせるから,この方程式の解である。
　$2\times3-(-2)=6+2=8$
　この解を $x=3, y=-2$ ともかく。

(2) **連立二元一次方程式の解**
　$2x+y=12$ の解をA,$3x-y=13$ の解をBとすると
　$\begin{cases} 2x+y=12 \\ 3x-y=13 \end{cases}$ の解はAとBの共通な解である。

(3) **代入法**
　$\begin{cases} 3x-\boxed{y}=13\cdots\text{①} \\ \boxed{y}=2x-8\cdots\text{②} \end{cases}$ ②を①に代入すると $3x-(2x-8)=13, x=5$

(4) **加減法** 係数の符号に注意する。消去する文字の係数の絶対値が等しく,同符号⇨減法　異符号⇨加法である。

$\begin{cases} 3x+2y=7 \\ x+2y=5 \end{cases}$ 減法で y を消去する。

$\begin{cases} 3x+2y=7 \\ 5x-2y=1 \end{cases}$ 加法で y を消去する。

(5) **等置法は代入法の一種である**
　$\begin{cases} y=2x-3 \\ y=-x+3 \end{cases}$ ⇨ $2x-3=-x+3$

*(6) **A=B=Cの型の連立方程式**
　$x+3y=2x-y+10=11$ は
　$\begin{cases} x+3y=11 \\ 2x-y+10=11 \end{cases}$
　$\begin{cases} x+3y=2x-y+10 \\ x+3y=11 \end{cases}$
　$\begin{cases} x+3y=2x-y+10 \\ 2x-y+10=11 \end{cases}$
　のどれかを解く。

27

―――＜例 題 A＞―――

連立方程式 $\begin{cases} 3x-2y=11 & \cdots\cdots① \\ y=x-5 & \cdots\cdots② \end{cases}$ を解け。

代入法で解くとよい。
①の y の代りに，②の $x-5$ を入れる。

[解] ②を①に代入すると，
$3x-2(x-5)=11$
$3x-2x+10=11$
$3x-2x=11-10$
$\therefore x=1$

$x=1$ を②に代入すると，
$y=1-5$
$\therefore y=-4$

[答] $x=1,\ y=-4$

―――＜例 題 B＞―――

連立方程式 $\begin{cases} 3x+2y=0 & \cdots\cdots① \\ 4x-3y=17 & \cdots\cdots② \end{cases}$ を解け。

y を消去する。$2y$ の 2 と $3y$ の 3 の最小公倍数は 6 である。
y の係数を 6 にするため ①×3，②×2
$+6y$ と $-6y$ の符号が異なるから，③＋④
$x=2$ を代入するのは② でもよい。

[解] ①×3　$9x+6y=0$ ……③
②×2　$8x-6y=34$ ……④
③＋④　$9x+6y=0$
　　＋) $8x-6y=34$
　　　　$17x=34$
　　　　　　$x=2$

$x=2$ を①に代入すると，
$6+2y=0$
$2y=-6$
$y=-3$

[答] $x=2,\ y=-3$

―――＜例 題 C＞―――

連立方程式 $\begin{cases} ax+by=5 & \cdots\cdots① \\ -3bx+2ay=30 & \cdots\cdots② \end{cases}$ の解が $x=-2,\ y=3$ であるとき，$a,\ b$ の値を求めよ。

解を文字に代入すると等式が成り立つことから，a，b についての連立二元一次方程式にみちびいて解く。

[解] $x=-2,\ y=3$ を①，②に代入すると，
$\begin{cases} -2a+3b=5 & \cdots\cdots③ \\ 6a+6b=30 & \cdots\cdots④ \end{cases}$
③×2－④
$-4a+6b=10$
－) $6a+6b=30$
　$-10a=-20$
　$\therefore a=2$

$a=2$ を③に代入すると，
$-2\times2+3b=5$
$-4+3b=5$
$3b=5+4$
$3b=9$
$\therefore b=3$

[答] $a=2,\ b=3$

第10日

実力養成テスト ── 連立方程式

1 次の計算をしなさい。 (各2点)

(1) $\begin{array}{r} 4x+\ y=\ 6 \\ +)\ \ x-2y=-3 \\ \hline \end{array}$

(2) $\begin{array}{r} -x-3y=-5 \\ -)\ 2x-5y=-1 \\ \hline \end{array}$

(3) $\begin{array}{r} 4x-y=9 \\ +)\ 3x+y=5 \\ \hline \end{array}$

(4) $\begin{array}{r} 5x+2y=1 \\ -)\ -3x+2y=9 \\ \hline \end{array}$

2 次の問いに答えなさい。 (各4点)

(1) $3x-2y=8$ で,$x=4$ のとき,y の値を求めなさい。

(2) $4x-3y=15$ で,$y=-1$ のとき,x の値を求めなさい。

3 次の□にあてはまる x の式,y の式を書きなさい。 (各2点)

(1) $\begin{cases} 2x+3y=-7 \cdots ① \\ y=x-4 \ \ \ \ \cdots ② \end{cases}$ で②を①に代入すると,$2x+3(\boxed{})=-7$

(2) $\begin{cases} -2x+5y=8 \cdots ① \\ x=2y-3 \ \ \ \ \cdots ② \end{cases}$ で②を①に代入すると,$-2(\boxed{})+5y=8$

4 次の連立方程式を解きなさい。 (各4点)

(1) $\begin{cases} 3x+y=8 \\ y=2x+3 \end{cases}$

(2) $\begin{cases} x-2y=-3 \\ x=3y-2 \end{cases}$

(3) $\begin{cases} 2x+3y=13 \\ y=4x-5 \end{cases}$

(4) $\begin{cases} 3x-2y=-3 \\ y=-x+4 \end{cases}$

5 次の連立方程式を解きなさい。 (各4点)

(1) $\begin{cases} 5x+y=7 \\ y=3x-1 \end{cases}$

(2) $\begin{cases} x-3y=10 \\ x=-y+2 \end{cases}$

(3) $\begin{cases} 2x+3y=1 \\ y=2x-5 \end{cases}$

(4) $\begin{cases} 4x-5y=-9 \\ y=3x+4 \end{cases}$

6 次の連立方程式を解きなさい。 (各4点)

(1) $\begin{cases} 2x-y-9=0 \\ x+3y-1=0 \end{cases}$

(2) $\begin{cases} 3x-2y+9=0 \\ -2x+5y-17=0 \end{cases}$

(3) $\begin{cases} x+2(y-3)=1 \\ 2x-(3x-y)=-1 \end{cases}$

(4) $\begin{cases} x+2(1-3y)=16 \\ 3(1-x)-2(y+2)=-3 \end{cases}$

(5) $\begin{cases} \dfrac{x}{2}+\dfrac{y}{3}=-1 \\ 5x-y=-23 \end{cases}$

(6) $\begin{cases} 0.2x+0.3y=2.2 \\ y=2x-6 \end{cases}$

7 次の問いに答えなさい。　　　　　　　　　　　　　　　　(各4点)

(1) 連立方程式 $\begin{cases} 3x+y=9 \\ 3x-y=3 \end{cases}$ を解き，$4x^2-3xy$ の値を求めなさい。

(2) 連立方程式 $\begin{cases} ax+y=b \\ 2ax-by=2 \end{cases}$ の解が $\begin{cases} x=2 \\ y=1 \end{cases}$ のとき，a, b の値を求めなさい。

(3) 連立方程式 $\begin{cases} a-bx=y \\ ay-b=x+2 \end{cases}$ の解が $x=-1, y=1$ のとき，a, b の値を求めなさい。

(4) 連立方程式 $\begin{cases} 15x-3y=4a \\ 2x+y=a \end{cases}$ で x が $\dfrac{1}{3}$ のとき，定数 a の値を求めなさい。

*8 次の連立方程式を解きなさい。　　　　　　　　　　　　　(各4点)

(1) $x+y=x-2y+9=4$

(2) $2x-y-12=3x+2y-10=x+3y$

強化問題

(1) 次の連立方程式を解きなさい。

① $\begin{cases} -x+2y=6 \\ 2x-y=3 \end{cases}$

② $\begin{cases} 4x-3y=-4 \\ 2x+5y=24 \end{cases}$

③ $\begin{cases} x+3y+11=0 \\ 2x-y-13=0 \end{cases}$

④ $\begin{cases} -0.3x+0.5y=-3.5 \\ \dfrac{1}{5}x-\dfrac{3}{4}y=4 \end{cases}$

⑤ $\begin{cases} \dfrac{x-1}{2}-\dfrac{y+2}{4}=\dfrac{1}{4} \\ 0.2(0.5x-1.5y)=3 \end{cases}$

(2) 次の連立方程式を解きなさい。

① $\begin{cases} 4x-y=4 \\ y=3x-2 \end{cases}$

② $\begin{cases} 3x+2y=7 \\ y=3-2x \end{cases}$

*(3) 次の連立方程式を解きなさい。

① $2x+y=4x+3y-1=3$

② $2x-5y+10=9-5x-y=2$

(4) 連立方程式 $\begin{cases} 4x-5y=-23 \\ -3x+2y=12 \end{cases}$ を解き $x^2-2xy-y^2$ の式の値を求めなさい。

(5) 連立方程式 $\begin{cases} ax+by=5 \\ bx-2ay=16 \end{cases}$ の解が $\begin{cases} x=4 \\ y=-1 \end{cases}$ であるとき，a, b の値を求めなさい。

(6) 次の2つの連立方程式は同じ解をもつという。a, b の値を求めなさい。

$\begin{cases} 3x+4y=2 \\ ax-by=5 \end{cases}$　$\begin{cases} bx-ay=4 \\ x+3y=-1 \end{cases}$

時間	60分	得点		基準	A…88点以上　B…87点〜60点　C…59点以下

第11日 連立方程式の応用

要点学習

1. **x, y をきめる**　問題の中の2つの数量を x, y で表す。
2. **方程式を2つ立てる**　問題の中の数量の相等関係を2つ見出し，x, y を用いて方程式を2つ立てる。
3. **連立方程式を解く**　加減法，代入法のどちらで解いてもよい。
4. **答をきめる**　求めた解が題意に適するか確かめて，答をきめる。

● これだけは再確認しよう ●

1個200円のAと1個150円のBを合計9個買ったら代金が1500円になった。A，Bそれぞれ何個ずつ買ったか求めよ。

(1) x, y をきめる

求めている数量を x, y にするとよいことが多い。

Aの個数を x 個，Bの個数を y 個とする。

(2) 方程式を2つ立てる

文字を1つきめたときは方程式は1つ，文字を2つきめたときは方程式を2つ立てる。

相等関係は個数で1つ，代金で1つある。

個数では　Aの個数＋Bの個数＝9
代金では　Aの代金＋Bの代金
　　　　　　　　　　　　＝1500

x, y を用いて表すと，
$$\begin{cases} x+y=9 \\ 200x+150y=1500 \end{cases}$$

(3) 文字1つだと立式しにくいこともある。Aの個数を用いてBの個数を表すと，$(9-x)$ 個である。代金の関係から，
$$200x+150(9-x)=1500$$

(4) 連立方程式を解く　加減法，代入法のどちらか解きやすい方法で解く。

$$\begin{cases} x+y=9 & \cdots\cdots ① \\ 200x+150y=1500 & \cdots\cdots ② \end{cases}$$

①×150－②

$$\begin{array}{r} 150x+150y=1350 \\ -)\ 200x+150y=1500 \\ \hline -50x=-150 \\ x=3 \end{array}$$

$x=3$ を①に代入すると，
$3+y=9$
$y=6$　　　　　　$x=3, y=6$

または

①から，$y=9-x\cdots\cdots ③$
③を②に代入すると，
$200x+150(9-x)=1500$
$200x+1350-150x=1500$
$200x-150x=1500-1350$
$50x=150$
$x=3$

$x=3$ を③に代入すると，
$y=9-3=6$　　　　$x=3, y=6$

(5) 答をきめる　Aが3個，Bが6個とすると，$3+6=9$
$200×3+150×6=1500$
求めた解は題意に適する。

答　A 3個，B 6個

＜例題 A＞

峠をはさんで 18 km 離れた A，B 両地がある。A 地から B 地まで行くのに，A 地から峠までは時速 3 km，峠から B 地までは時速 5 km で歩いて，全体で 5 時間かかった。A 地から峠まで，峠から B 地まではそれぞれ何 km か。

道のりについての方程式
$x+y=18$
時間 = $\dfrac{道のり}{時速}$ から，
時間についての方程式
$\dfrac{x}{3}+\dfrac{y}{5}=5$
が立式できる。

解 A 地から峠までを x km，峠から B 地までを y km とすると，
$\begin{cases} x+y=18 \quad \cdots\cdots ① \\ \dfrac{x}{3}+\dfrac{y}{5}=5 \cdots\cdots ② \end{cases}$

②×15　$5x+3y=75$ ……③　　$x=10.5$ を①に代入
①×3−③　$-2x=-21$　　　　すると $10.5+y=18$
　　　　　$x=10.5$　　　　　　　　　　　　$y=7.5$

答 A 地から峠まで **10.5 km**
　　　 峠から B 地まで **7.5 km**

＜例題 B＞

りんご 2 個となし 1 個では 490 円，りんご 1 個となし 3 個では 870 円である。りんご，なし 1 個の値段を求めよ。

①から $y=490-2x$
②に代入して，
$x+3(490-2x)=870$
を解いてもよい。

解 りんご 1 個 x 円，なし 1 個 y 円とすると，
$\begin{cases} 2x+y=490 \quad \cdots\cdots ① \\ x+3y=870 \quad \cdots\cdots ② \end{cases}$
①×3−②　$5x=600$　　$x=120$，$x=120$ を①に代入して　$y=250$

答 りんご **120 円**，なし **250 円**

＜例題 C＞

昨年度の 1 年生は男女合計 265 名であったが，本年度は昨年度に比べ，男子が 5 ％増し，女子が 4 ％減って男女合計 267 名になった。昨年度の 1 年生は男女それぞれ何名か。

昨年度の合計から 1 つ，本年度の増減から 1 つの方程式を立てる。
$\begin{cases} x+y=265 \\ 1.05x+0.96y=267 \end{cases}$
を解いてもよいが，**解** のほうが解きやすい。

解 昨年度の 1 年生の男子を x 人，女子を y 人とすると，
$\begin{cases} x+y=265 \quad\cdots\cdots ① \\ 0.05x-0.04y=2 \cdots ② \end{cases} \Rightarrow \begin{cases} x+y=265 \cdots\cdots ① \\ 5x-4y=200 \cdots ③ \end{cases}$

①×4＋③
　　$4x+4y=1060$
＋）$5x-4y=\ \ 200$
　　$9x\quad\ \ =1260$
　　　$x=140$

$x=140$ を①に代入すると，$140+y=265$
　　　　　　　　　　　　　　　　$y=125$

答 男子 **140 名**，女子 **125 名**

第12日

実力養成テスト ── 連立方程式の応用

1 長い石段の中ほどの同じところにいるA，B2人がじゃんけんを始め，勝つと2段上がり，負けると1段下がることにした。「あいこ」のときは2人とも動かないが，じゃんけんの回数には入れるものとする。

30回じゃんけんをしたとき，Aはもとの位置より22段上に，Bはもとの位置より□にいた。

A，Bが勝った回数を，それぞれ x，y とし，2人がいたもとの位置を基として連立方程式をつくると，$\begin{cases} 2x-y=22 \\ 2y-x=-2 \end{cases}$ となった。

次の(1)，(2)に答えなさい。　　　　　　　　　　　　　　　　　　　(各8点)

(1) □にあてはまる適切な言葉を書きなさい。

(2) 上の連立方程式を解いて，A，Bそれぞれが勝った回数と，「あいこ」の回数を求めなさい。

2 同じ品物をつくることのできる2種類の機械A，Bがある。この2種類の機械を同時に使用すると，Aの機械3台とBの機械1台では，その品物を100個つくるのに4分間かかり，Aの機械4台とBの機械3台では，100個つくるのに2分間かかる。A，Bの機械はおのおの1台につき，その品物を1分間にそれぞれ x 個，y 個つくれるものとして，次の問いに答えなさい。(各8点)

(1) x，y についての連立方程式をつくりなさい。

(2) (1)でつくった連立方程式を解きなさい。

(3) Aの機械5台とBの機械2台では，1時間に何個つくることができますか。

3 先週田中君のクラスで数学のテストが行われたが，受けたものは45人で，男子の平均点は62点，女子の平均点は57点，クラス全体の平均点は60点であった。　　　　　　　　　　　　　　　　　　　　　　　　　　　　　　(各9点)

(1) 田中君のクラスの男女別人数を求めるのに，男子を x 人，女子を y 人として連立方程式をつくると，下の□の中にはどのような式をいれたらよいですか。　　　　$\begin{cases} x+y=45 \cdots\cdots ① \\ \boxed{} \cdots\cdots ② \end{cases}$

(2) (1)でつくった連立方程式を解いて，田中君のクラスの男女別人数を求めなさい。

4 濃度が3%の食塩水 x g と，8%の食塩水 y g をまぜて，6%の食塩水400gを作りたい。これについて，次の(1)～(3)の問いに答えなさい。(各8点)

(1) 6％の食塩水400gにふくまれる食塩の重さを求めなさい。
(2) それぞれの食塩水にふくまれる食塩の重さの間に成り立つ関係をx, yの方程式で表しなさい。
(3) 6％の食塩水400gを作るのに必要な3％の食塩水と，8％の食塩水の重さx, yを求めなさい。

5 2種類の液体A，Bがそれぞれ$2l$ずつある。Aの液体より20cm³とって重さを測ると16gあり，Bの液体より30cm³とって重さを測ると36gあった。この2種類の液体を混ぜて，重さが3kg，体積が2.8lの混合液体をつくった。次の問いに答えなさい。　　　　　　　　　　　　　　　　　　　　　　　　　　（各9点）
(1) 混ぜ合わせた液体Aの体積は何lですか。
(2) 混ぜ合わせた液体Bの重さは何kgですか。

強 化 問 題

（1）ある中学校の生徒の通学距離について調査したところ，1.5km未満の生徒の数は98人で，全校生徒の40％であった。また，2.5km以上の生徒の割合は，男子は男子全体の30％，女子は女子全体の20％を占めていたが，これを人数で比べてみると，女子は男子より11人少ないことが分かった。
　方程式をつくり，全校の男子，女子の生徒数をそれぞれ求めなさい。

（2）ある学校の全校生徒は250人である。男子生徒の40％と女子生徒の30％は，自転車通学を許可されている。自転車通学を許可されている生徒は，許可されていない生徒より74人少ない。この学校の男子生徒，女子生徒の数を求めなさい。

（3）2種類の商品A，Bを販売している店がある。11月は，Bの販売個数がAの販売個数の3倍より1個多かった。12月には，Aの販売個数は11月のAの販売個数の2倍より1個少なく，Bの販売個数は11月のBの販売個数より4個少なくて，A，Bの販売個数の合計は26個になった。
　12月のA，Bの販売個数は，それぞれ何個ですか。

（4）長さ318mの貨物列車が，ある鉄橋を渡り始めてから，渡り終わるまでに67秒かかった。また，長さ162mの急行列車が，貨物列車の2倍の速さでこの鉄橋を渡り始めてから，渡り終わるまでに27秒かかった。
　貨物列車の速さと，鉄橋の長さを求めなさい。

時間	50分	得点		基準	A…82点以上　B…81点～58点　C…57点以下

第13日 作 図

要点学習

1. **作 図** 定規とコンパスを用いて，条件にあった平面図形をかく。
2. **基本の作図**
   (1) 垂線をひく　　　　　　　(2) 垂線をひく

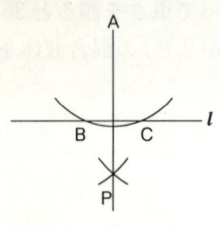 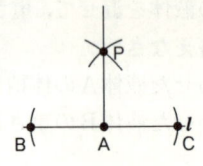

   (3) 線分の垂直二等分線をひく　(4) 角の二等分線をひく
   (5) 等しい角をかく　　　　　　(6) 線分を等分する（3等分）

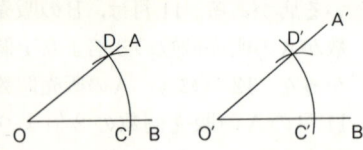 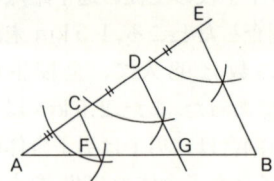

● これだけは再確認しよう ●

(1) 作図の用具
　定規，コンパスだけを使う。物指しで長さを測ったり，分度器で角の大きさを測ったりしない。

(2) 線分の垂直二等分線
　線分ABの中点を通り，ABに垂直な直線を，線分ABの垂直二等分線という。
　A，Bを中心とし，等しい半径でかいた2円の交点をC，Dとする。C，Dを通る直線が線分ABの垂直二等分線である。

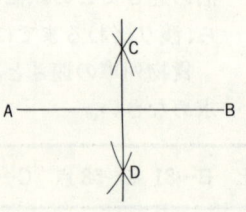

(3) 角の二等分線
　∠AOBを等しい大きさの2つの角に分ける直線（半直線）を，∠AOBの二等分線という。
　Oを中心としてかいた円と，OA，OBとの交点をC，Dとする。C，Dを中心とし，等しい半径でかいた2円の交点をEとする。直線（半直線）OEが∠AOBの二等分線である。

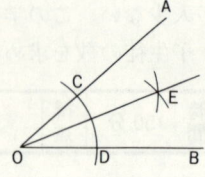

＜例題 A＞

右の図の △ABC で，頂点 A から辺 BC への垂線と，頂点 C から辺 AB への垂線との交点 H を作図せよ。

点 A から直線 BC への垂線をひき，点 C から直線 AB への垂線をひく。
　△ABC が直角三角形であるとき，点 H は直角の頂点と重なる。
　△ABC が鈍角三角形であるとき，点 H は △ABC の外部の点になる。

解　B を中心とし，BA を半径とする円と，C を中心とし，CA を半径とする円との交点を D とする。
　A を中心とし，AC を半径とする円と，B を中心とし，BC を半径とする円との交点を E とする。
　直線 AD と CE との交点を H とする。

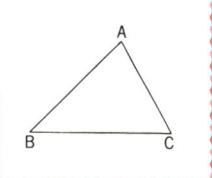

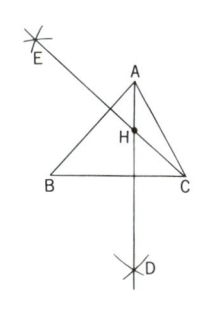

＜例題 B＞

右の図で，3点 A，B，C から等しい距離にある点 O を作図せよ。

2点 A，B から等しい距離にある点と，2点 B，C から等しい距離にある点を考える。
　△ABC が直角三角形であるとき，点 O は斜辺の中点と重なる。
　△ABC が鈍角三角形であるとき，点 O は △ABC の外部の点になる。

解　2点 A，B から等しい距離にある点は，線分 AB の垂直二等分線上にあり，2点 B，C から等しい距離にある点は，線分 BC の垂直二等分線上にある。
　2つの垂直二等分線の交点を O とすると
　　OA＝OB，OB＝OC
であるから，
　　OA＝OB＝OC
O は3点 A，B，C から等しい距離にある。
ゆえに，線分 AB の垂直二等分線 DE と，線分 BC の垂直二等分線 FG をひき，その交点を O とする。

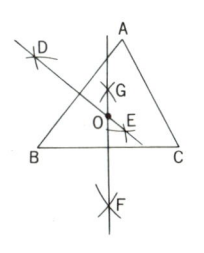

第14日

実力養成テスト──作図

1 右の図について，次の問いに答えなさい。（各10点）
(1) 点Aから直線 a に垂線をひきなさい。
(2) 点Bで直線 b に垂線をひきなさい。

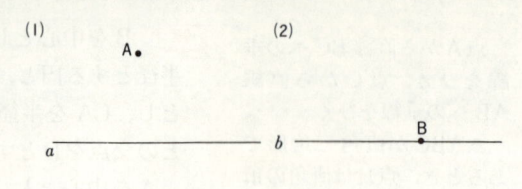

2 右の図について，次の問いに答えなさい。（各10点）
(1) △ABCの∠Bの二等分線と∠Cの二等分線との交点Iを作図しなさい。
(2) ∠AOBは直角である。∠AOBを三等分する直線をひきなさい。

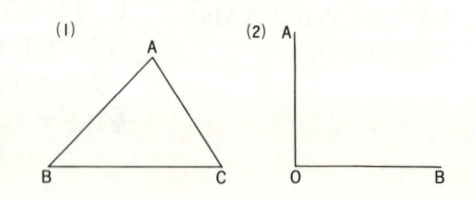

3 右の図について，次の問いに答えなさい。（各10点）
(1) 直線 a 外の点Aを通り，直線 a と平行な直線をひきなさい。
(2) 円の中心Oを作図しなさい。

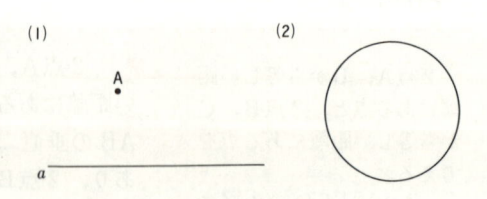

4 右の図について，次の問いに答えなさい。（各10点）
(1) ∠AOBの辺OA，OBから等しい距離にある点を直線 l 上に求めなさい。
(2) 円Oの弦ABの両端A，Bから等しい距離にある点を円Oの周上に求めなさい。

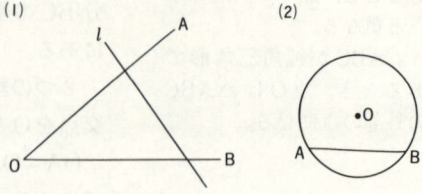

5 右の図で，点Aから a の距離にあり，点Bから b の距離にある点を求めなさい。（10点）

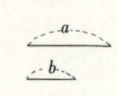

6　右の図で，∠AOB の辺 OA，OB からの距離がどちらも *l* で等しい点を求めなさい。(10点)

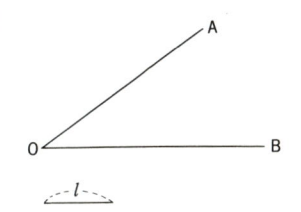

強 化 問 題

(1) 図1のような∠XOYがある。この∠XOYと角の大きさの等しい∠X′O′Y′を図2に定規とコンパスを用いて作図しなさい。

ただし，∠X′O′Y′の辺O′Y′は図2の半直線O′Y′を用いなさい。

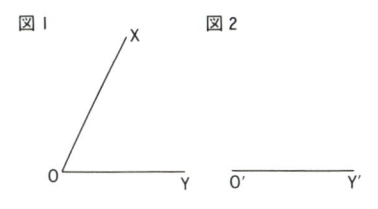

図1　　　図2

(2) 下の図の3点A，B，Cを通る円を作図しなさい。

(3) 下の図のような線分ABがあります。線分ABを1辺とする正方形を定規とコンパスを用いて1つ作図しなさい。

(4) 下の図のように，2点A，Bと直線 *l* がある。直線 *l* 上に点Pをとって，AP=BPとなるようにしたい。点Pを定規とコンパスを使って作図しなさい。

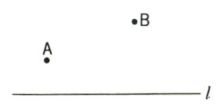

(5) 下の図に，円Oの周上にあって，点A，Bからの距離が等しい点を定規とコンパスを使い，作図して求めなさい。

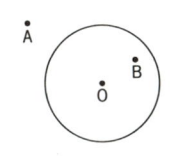

(6) 下の図に，中心が直線 *l* 上にあり，2点A，Bを通る円を定規とコンパスを使って作図しなさい。

| 時間 | 50分 | 得点 | | 基準 | A…80点以上　B…79点〜50点　C…49点以下 |

第15日　図形の対称

要点学習

1. **線対称**　1つの図形を1直線を折り目として折り返したとき，他の図形にまったく重なるならば，この2つの図形は折り目になった直線について対称（線対称）であるという。

2. **線対称な図形**　1つの図形を1直線を折り目として2つに折り返したとき，2つがまったく重なるならば，この図形は折り目になった直線について対称（線対称）な図形であるという。

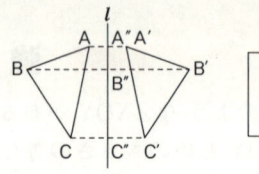

3. **対称軸**　線対称で折り目になった直線を対称軸という。

4. **点対称**　1つの図形をある点を中心にして180°回転したとき，他の図形にまったく重なるならば，この2つの図形は回転の中心になった点について対称（点対称）であるという。

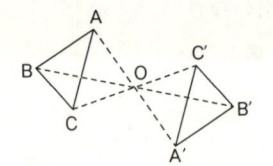

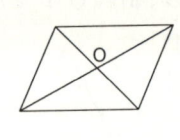

5. **点対称な図形**　1つの図形をある点を中心にして180°回転したとき，もととまったく同じ状態にもどるならば，この図形は回転の中心になった点について対称（点対称）な図形であるという。

6. **対称の中心**　点対称で回転の中心になった点を対称の中心という。

● これだけは再確認しよう ●

(1) **線対称の性質**
　対応する点を結ぶ線分は，対称軸で垂直に2等分される。
　上の図で，$AA' \perp l$，$AA'' = A''A'$
　　　　　　$BB' \perp l$，$BB'' = B''B'$
　　　　　　$CC' \perp l$，$CC'' = C''C'$

(2) **対称軸**
　線対称な図形には，対称軸が1, 2, 3, ……，無数の図形がある。

(3) **点対称の性質**
　対応する点を結ぶ線分は，対称の中心で2等分される。

　上の図で，$AO = A'O$，$BO = B'O$，$CO = C'O$
　$\angle AOA' = \angle BOB' = \angle COC' = 180°$

(4) **対称の中心**
　点対称な図形の対称の中心は1つである。

(5) **線対称・点対称な図形**
　平面図形は次の4つに分けられる。
・線対称な図形　・点対称な図形
・線対称であり，かつ，点対称である図形
・線対称でも点対称でもない図形

<例題 A>

次の図形について，下の問いに記号で答えよ。
　ア　台形　　イ　等脚台形　　ウ　平行四辺形　　エ　長方形
(1) 線対称な図形はどれか。
(2) 点対称な図形はどれか。
(3) 線対称であり，かつ，点対称である図形はどれか。

> イは線対称で対称軸が1あり，エは線対称で対称軸が2ある。

[解] アは線対称でも，点対称でもない。
イは線対称。ウは点対称。
エは線対称であり，かつ，点対称である。

[答] (1) イ, エ　(2) ウ, エ　(3) エ

<例題 B>

右の図に，△ABCと直線 l について対称な△A′B′C′を書け。

> A, B, Cの l について対称な点 A′, B′, C′ から △A′B′C′をかく。
> l がAA′, BB′, CC′の垂直二等分線になるようにA′, B′, C′を求めて△A′B′C′をかく。

[解] Aから l にひいた垂線と l との交点をA″とし，AA″の延長上に
　　　AA″=A″A′
となる点A′をとる。
B，Cについても同じようにして，B′，C′をとる。
△A′B′C′が求める三角形である。

[答] 右の図

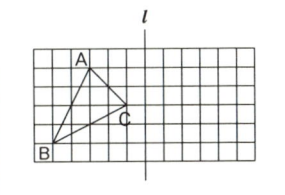

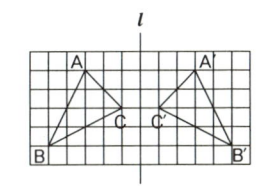

<例題 C>

右の図で，OXについてAと対称な点をBとし，OYについてAと対称な点をCとする。
∠XOY=36°のとき，∠BOC, ∠OBCの大きさを求めよ。

> OXについてAと対称な点をBとすると，
> OA=OB,
> ∠AOX
> 　=∠BOX

[解] ∠AOB=2∠AOX,
　　　∠AOC=2∠AOY,
　　　∠BOC=2∠XOY
　　　=36°×2=72°, OB=OC,
　　　∠OBC=(180°−72°)÷2=54°

[答] ∠BOC=72°, ∠OBC=54°

第16日

実力養成テスト——図形の対称

1 次の図形は線対称な図形である。それぞれに対称軸をすべて書き入れなさい。 (各8点)

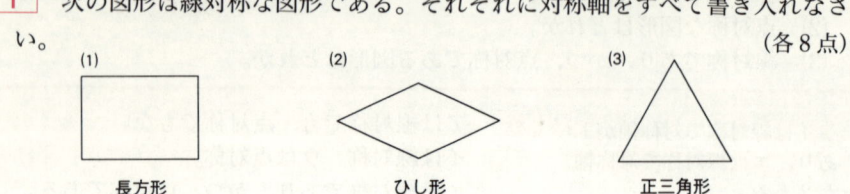

(1) 長方形　(2) ひし形　(3) 正三角形

2 次の図形は点対称な図形である。それぞれに対称の中心を書き入れなさい。 (各8点)

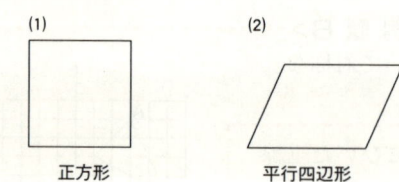

(1) 正方形　(2) 平行四辺形　(3) 正六角形

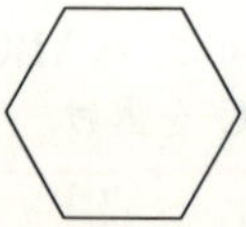

3 右の図で，長方形 ABCD と直線 l について対称な長方形 A′B′C′D′ を書きなさい。 (9点)

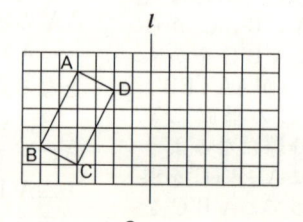

4 右の図で，A と OY について対称な点を B とし，B と OX について対称な点を C とする。∠XOY＝40° のとき，∠AOC の大きさを求めなさい。 (9点)

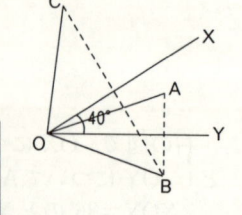

5 右の図で，△ABC と点 O について対称な △A′B′C′ を書きなさい。 (9点)

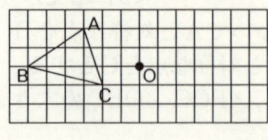

6 右の図で，△ABC と △A′B′C′ は直線 l について対称である。
(1) 線分 AA′ の長さを求めなさい。
(2) 四角形 ABB′A′ の面積を求めなさい。
(各8点)

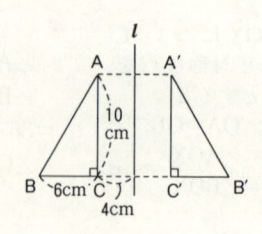

7 右の図のように，2地点A，Bと直線の川岸 l がある。Aから l 上の地点Cまで行き，CからBへ最も短い距離で行きたい。
l 上に点Cを求める方法を書きなさい。　（9点）

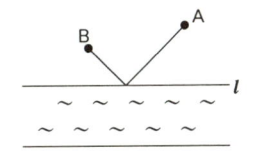

強化問題

(1) 右の図で線分 AB と線分 A′B′ は直線 l について対称である。直線 l をこの図に書き入れなさい。

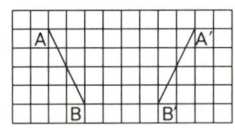

(2) 下の図で，△ABC と △A′B′C′ は点Oについて対称である。点Oをこの図に書き入れなさい。

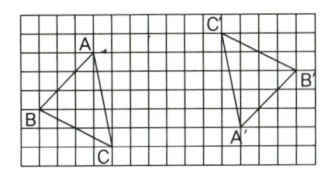

(3) 右の図で，直線 l について △ABC と対称な △A′B′C′ を書きなさい。

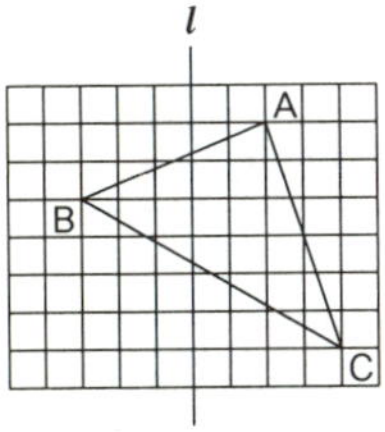

(4) 右の図で，点Oについて，△ABC と対称な △A′B′C′ を書きなさい。

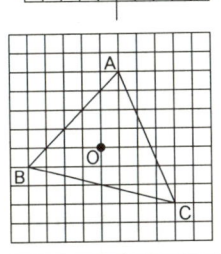

(5) 下の図で，PとOXについて対称な点をQとし，PとOYについて対称な点をRとする。∠XOY＝45°である。

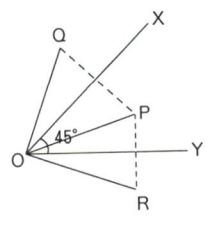

① ∠QOR の大きさを求めなさい。
② ∠OQR の大きさを求めなさい。
③ OP＝10cm のとき，△OQR の面積を求めなさい。

(6) 下の図で，アは1辺4cmの正方形，イは直径4cmの半円，ウはアの1辺とイの直径を合わせてできた図形である。

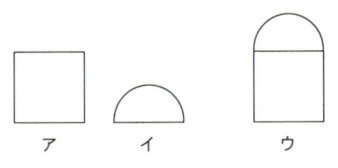

① アの対称軸は何本ですか。
② イの対称軸は何本ですか。
③ ウの対称軸は何本ですか。

時間	45分	得点		基準	A…82点以上　B…81点〜66点　C…65点以下

第17日
立体図形・回転体・展開図・扇形

要点学習

1. **2直線の位置関係**　同じ平面上の2直線は交わるか平行である。

   空間の2直線は $\begin{cases} \text{同じ平面上にある}\cdots \begin{cases} 1\text{点で交わる} \\ \text{平行である} \end{cases} \\ \text{同じ平面上にない}\cdots\text{ねじれの位置にある} \end{cases}$ 交わらない

2. **多面体・正多面体**　平面だけで囲まれた立体図形を多面体という。多面体の中で，面が形・大きさの等しい（合同な）正多角形で，各頂点における面の数がすべて等しいものを正多面体という。

   正多面体には，正四面体，正六面体，正八面体，正十二面体，正二十面体がある。

3. **回転体**　平面図形を同じ平面上の一直線を軸（回転軸）として，一回転したときできる立体図形を回転体という。

4. **展開図**　立体図形の表面を平面上にひろげた図をいう。

5. **体積**　高さを h，底面積を S，体積を V とする。

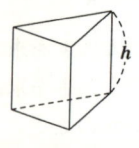

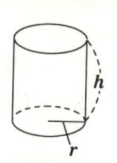

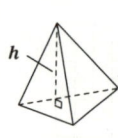

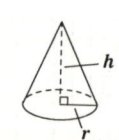

   $V = Sh$　　$V = Sh = \pi r^2 h$　　$V = \dfrac{1}{3}Sh$　　$V = \dfrac{1}{3}Sh = \dfrac{1}{3}\pi r^2 h$

● これだけは再確認しよう ●

（1） 正多面体
- 正四面体…4の正三角形で囲まれる。
- 正六面体…6の正方形で囲まれる。
- 正八面体…8の正三角形で囲まれる。
- 正十二面体…12の正五角形で囲まれる。
- 正二十面体…20の正三角形で囲まれる。

（2） 扇形・弧・中心角

円で2つの半径と円周の一部で囲まれた図形を扇形，円周の一部を弧，2つの半径ではさまれた角を中心角という。

（3） 弧の長さ・扇形の面積

半径 r，中心角 $a°$，弧の長さ l，扇形の面積 S

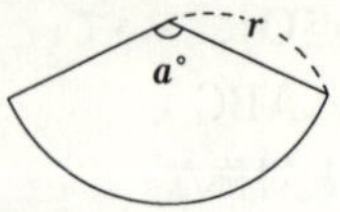

$$l = 2\pi r \times \dfrac{a}{360}$$

$$S = \pi r^2 \times \dfrac{a}{360}$$

（4） 円すいの側面積

半径 r，母線の長さ l とする。
側面積 $= \pi r l$

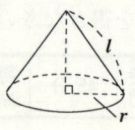

<例題 A>

右の図は，正多面体の展開図である。
(1) この立体の名前を答えよ。
(2) この立体の辺はいくつあるか。
(3) この立体の1つの辺とねじれの位置にある辺はいくつあるか。

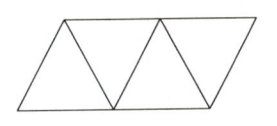

一の立体の展開図は切り方によっていろいろある。
AC と BD，AD と BC もそれぞれねじれの位置にある。

[解] (1) 4面で囲まれている。
[答] **正四面体**
展開図から右の正四面体ができたとする。
(2) 辺の数は 6　　[答] **6**
(3) AB とねじれの位置にあるのは CD　　[答] **1**

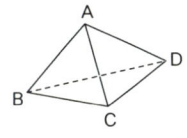

<例題 B>

右の図で，△ABC を直線 l のまわりに一回転したときできる立体の体積を求めよ。

B から AC へ垂線 BH をひき，AH＝a cm，HC＝b cm とすると，
$\frac{1}{3}\pi \times 3^2 \times a + \frac{1}{3} \times 3^2 \times b$
$= \frac{1}{3}\pi \times 3^2 \times (a+b)$

[解] 回転してできる立体は右の図のように，2つの円すいを重ねた立体である。

体積は $\frac{1}{3} \times \pi \times 3^2 \times 6$
$= 18\pi$ (cm³)　　[答] **18π cm³**

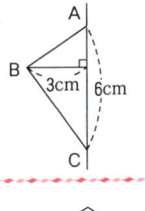

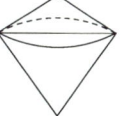

<例題 C>

右のア図はイ図の円すいの展開図である。
この展開図の中心角の大きさ $x°$ を求めよ。

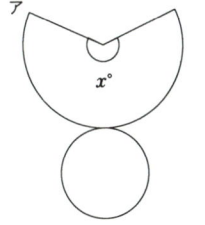

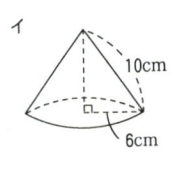

扇形の面積は
$\pi \times 10^2 \times \frac{x}{360}$
$= \pi \times 10^2 \times \frac{360}{360} \times \frac{6}{10}$
$= \pi \times 10 \times 6$

[解] 弧の長さは，$2\pi \times 10 \times \frac{x}{360}$
底面の周は，$2\pi \times 6$
$2\pi \times 10 \times \frac{x}{360} = 2\pi \times 6$
$x = 360 \times \frac{6}{10} = 216$　　[答] **216°**

第18日

実力養成テスト──立体図形・回転体・展開図・扇形

1 右の図のように，点A，B，C，D，E，F，G，Hを頂点とする立方体がある。この立方体において，直線ACとねじれの位置にある辺の数を求めなさい。　（7点）

2 右の図のように，直方体から三角柱を切り取った立体がある。辺CGとねじれの位置にある辺はいくつあるか求めなさい。　（7点）

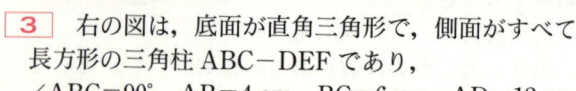

3 右の図は，底面が直角三角形で，側面がすべて長方形の三角柱 ABC－DEF であり，∠ABC=90°，AB=4cm，BC=6cm，AD=12cmとする。
　また，点P，Q，RはそれぞれAD，BE，CF上の点で，AP=6cm，BQ=7cm，CR=3cmとする。
(1) ねじれの位置にある辺の組を，次のア〜エから1つ選び，その記号を書きなさい。
　ア　辺ABと辺BE　　イ　辺ACと辺DF
　ウ　辺ABと辺EF　　エ　辺ACと辺BC
(2) 3点P，Q，Rを通る平面でこの立体を切って2つに分けるとき，頂点Eをふくむほうの立体の体積を求めなさい。　（各7点）

4 右の図は，ある正多面体の展開図である。
(1) この立体の面の数を求めなさい。
(2) この立体の辺の数を求めなさい。
(3) この立体の頂点の数を求めなさい。　（各7点）

5 右の図は，OAを母線，円Hを底面とする円すいの展開図である。
　OA=5cm，円Hの半径が2cmのとき，この円すいの側面積は底面積の何倍ですか。　（8点）

6 右の図は，底面の半径が6cm，高さが9cmの円柱を，底面の中心を通り，底面に垂直な平面で3等分した立体 ABC－DEF の展開図である。
(1) 辺ABとねじれの位置にある辺をすべて書きなさい。
(2) 底面ABCの面積を求めなさい。

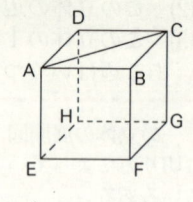

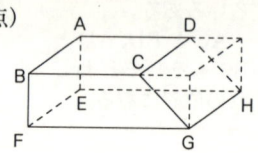

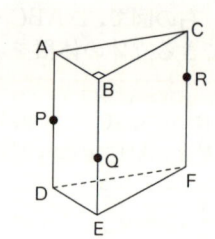

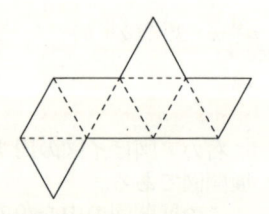

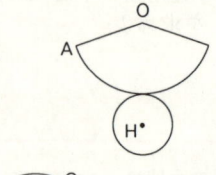

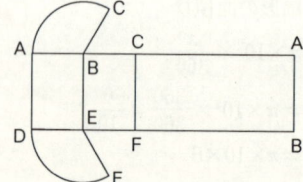

(3) 立体 ABC－DEF の体積を求めなさい。　　　　（各7点）

[7] 右のア図で，AB＝5cm，BC＝3cm，∠ABC＝90°の三角形 ABC を直線 l のまわりに1回転したときできる立体の体積を求めなさい。　（8点）

[8] 右のイ図で，台形 ABCD を直線 l のまわりに1回転したときできる立体について，次の問いに答えなさい。
(1) この立体の体積を求めなさい。
(2) この立体の表面積を求めなさい。　（各7点）

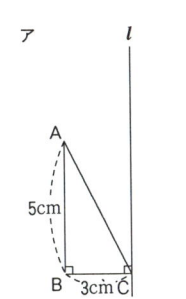

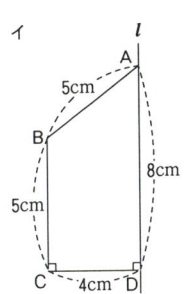

強化問題

(1) 右の図は立方体の展開図である。次の①の □ には当てはまる記号を，②では展開図に実線を書き入れなさい。 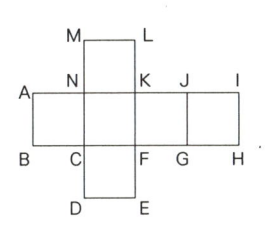
① この立方体の辺 AB とねじれの位置にあるすべての辺を，展開図の記号で表すと，LK，KJ，EF，FG，□ である。
② この立方体を，頂点 A，C，K を通る平面で切った。切り口の辺を展開図に実線で書き入れなさい。

(2) 右の図の長方形 ABCD を直線 l のまわりに1回転したときできる立体について，次の問いに答えなさい。 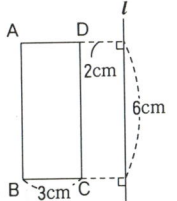
① 辺 AB が通った面の面積を求めなさい。
② 表面積を求めなさい。
③ 体積を求めなさい。

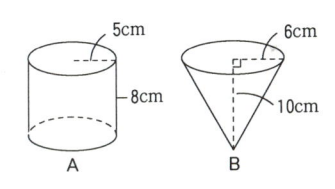

(3) 下の図の A は円柱の容器，B は円すいの容器である。次の問いに答えなさい。
① A の容積を求めなさい。
② B の容器に水をいっぱい入れ，その水を全部 A の容器に移すとき，水の深さを求めなさい。ただし，A の容器は水が入っていなかったとする。

(4) 半径4cm，弧の長さ 3π cm の扇形がある。
① この扇形の中心角を求めなさい。
② この扇形の面積を求めなさい。

時間	45分	得点		基準	A…84点以上　B…83点～56点　C…55点以下

第19日 平行線と角・多角形の角

要点学習

1. **平行線と角**　平行な2直線 l, m と他の直線 n とが右の図のように交わるとき 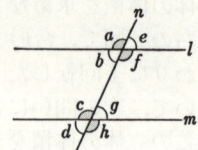
   - 錯角は等しい　$\angle b = \angle g$, $\angle c = \angle f$
   - 同位角は等しい　$\angle a = \angle c$, $\angle b = \angle d$
     $\angle e = \angle g$, $\angle f = \angle h$

2. **三角形の角**
   - 三角形の内角の和は $2\angle R$ ($180°$) である。
   - 三角形の外角はそのとなりでない2つの内角の和に等しい。
     △ABC の $\angle A$ の外角の大きさは，$\angle B + \angle C$ である。
   - 三角形の外角の和は $4\angle R$ ($360°$) である。

3. **多角形の対角線，内角，外角**　n角形 ($n \geq 3$) の
   - 対角線の数　$\dfrac{n(n-3)}{2}$
   - 内角の和　$2(n-2)\angle R$
   - 外角の和　$4\angle R$

● これだけは再確認しよう ●

(1) **対頂角**
  対頂角は等しい。 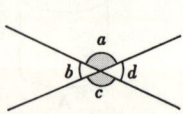
  $\angle a = \angle c$
  $\angle b = \angle d$

(2) **平行線と角**
  2直線は　⇨ 錯角は等しい
  平行　　　⇦ 同位角は等しい
  2直線が平行であれば，右のことがいえ，右のことの1つ（例えば1組の錯角が等しい）がいえれば，2直線は平行である。

(3) **三角形の種類**
  - 角の大きさによる分類…鋭角三角形，直角三角形，鈍角三角形
  - 辺の長さによる分類…不等辺三角形，二等辺三角形，正三角形
  - 直角二等辺三角形

(4) **四角形の種類**
  台形
  等脚台形
  平行四辺形
  長方形
  ひし形　正方形

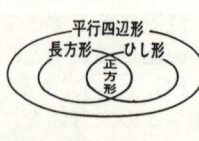

(5) **三角形の角**
  - 内角の和は $2\angle R$ である。
  - 外角はそのとなりでない2つの内角の和に等しい。
  - 直角三角形の2つの鋭角の和は $\angle R$ である。
  - 二等辺三角形の2つの底角の大きさは等しい。
  - 正三角形の3つの内角は等しい。

<例題 A>

右の図で，FD∥CG である。∠ABC の大きさを求めよ。

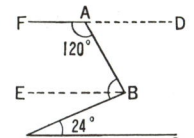

| 頂点 B を通って，FD と平行な直線 EB をひいて考える。
2直線が平行のとき，錯角は等しい。 | [解] ∠ABC
　　＝∠ABE＋∠EBC,
　　∠ABE＝∠DAB,
　　∠EBC＝∠BCG
　　∴　∠ABC＝(180°−120°)＋24°＝**84°** |

<例題 B>

右の図で，AB＝AC，D は BC の延長上，E は AC 上にある。

∠CED の大きさを求めよ。

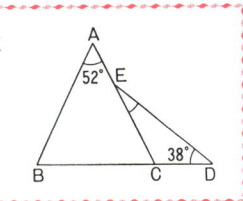

| 二等辺三角形の2つの底角の大きさは等しい。
三角形の外角はそのとなりでない2つの内角の和に等しい。 | [解] △ABC で，
　AB＝AC であるから，
　　∠ACB＝(180°−52°)÷2＝64°
　△CED で，∠ECB は外角であるから，
　　∠CED＋38°＝64°
　　∴　∠CED＝64°−38°＝**26°** |

<例題 C>

右の図について，次の問いに答えよ。
(1) 五角形 ABCFG の内角の和は何直角か。
(2) 印をつけた7つの角の和は何直角か。

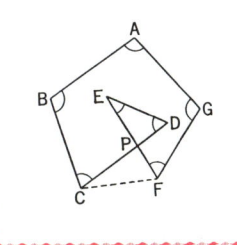

| 2つの三角形で，1つの角が等しければ，残りの2つの角の和は等しい。
△PCF と△PDE で，
　∠CPF＝∠DPE（対頂角）である。 | [解] (1) n角形の内角の和の公式から，
　　2×(5−2)＝2×3
　　＝**6(∠R)**
(2) 7つの角の和は，五角形 ABCFG の内角の和から，∠PCF＋∠PFC をひき，∠PDE＋∠PED を加える。ところが，△PCF と△PDE で，
　　∠CPF＝∠DPE
　　∴　∠PCF＋∠PFC＝∠PDE＋∠PED
　7つの角の和は五角形 ABCFG の内角の和に等しい。　　　　　　　　　　　　[答] **6∠R** |

第20日

実力養成テスト —— 平行線と角・多角形の角

1 下の図について，次の問いに答えなさい。　　　　　　（各9点）
(1) AB∥CD であるとき，$x°$ を求めなさい。
(2) l∥m であるとき，$\angle x$ の大きさは何度ですか。

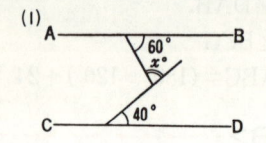

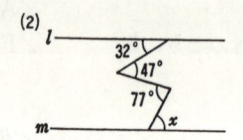

2 右の図は，AB＝AC の二等辺三角形である。∠B の二等分線と辺 AC との交点を D とするとき，BD＝BC ならば，∠A の大きさは何度になりますか。　（10点）

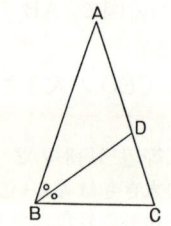

3 右の図について，次の問いに答えなさい。（各9点）
(1) AD と BC の交点を E とするとき，∠ECD の大きさを求めなさい。
(2) △ABC は頂角 ∠A の大きさが 96° の二等辺三角形で，D は辺 BC 上の点，E は直線 BA 上の点で，BD＝DE である。
線分 DE と辺 AC との交点を F とするとき，∠CFD の大きさを求めなさい。

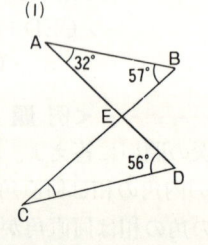

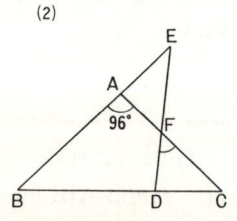

4 AB＝AC，AB＞BC である二等辺三角形 ABC がある。右の図のように，点 C を中心として辺 BC が辺 AC 上にくるように △ABC を回転した。そのときの点 B，A のくる位置をそれぞれ D，E とし，点 B と，点 D を結び，BD の延長上に点 F をとるとき，次の問いに答えなさい。　（各9点）
(1) ∠ADF＝∠FDE であることを証明しなさい。 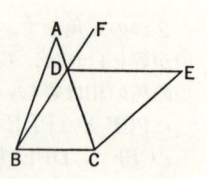
(2) ∠BAC＝40° であれば，∠ABD は何度ですか。

5 次の問いに答えなさい。　　　　　　　　　　　　　　（各9点）
(1) AB＝AC＝CD であるとき，∠ABC の大きさを求めなさい。
(2) 頂角 A が 40° の二等辺三角形 ABC の ∠B の二等分線と ∠C の外角の二等分線との交点を D とするとき，∠BDC の大きさを求めなさい。

(1) 図で、AD = DC = CB、∠DCE = 120°、∠x を求める。

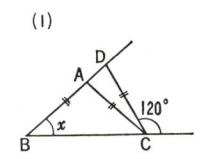

(2) 図で、∠BAC = 40°、∠ABC の二等分線と∠ACD の二等分線の交点を考える。

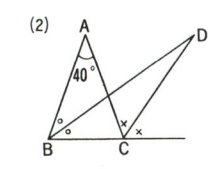

6 右の図は、四角形 ABCD において、∠A, ∠B の二等分線の交点を P としたものである。次の問いに答えなさい。　　　　（各 9 点）
(1) ∠DAB+∠ABC の大きさを求めなさい。 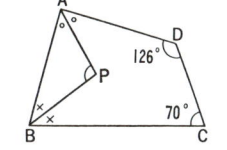
(2) ∠APB の大きさを求めなさい。

強化問題

（1） 右の図で、$l /\!/ m$ である。∠x の大きさを求めなさい。

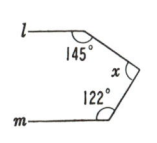

（2） 次の図について、問いに答えなさい。
①　∠x の大きさは何度ですか。 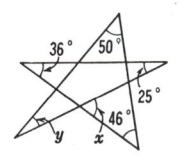
②　∠y の大きさは何度ですか。

（3） 1 つの内角がその外角の 3 倍である正多角形について、次の問いに答えなさい。
①　この正多角形の辺の数を求めなさい。
②　この正多角形の対角線の数を求めなさい。

（4） 次の図の四角形 ABCD は平行四辺形である。この図について、次の角の大きさを求めなさい。 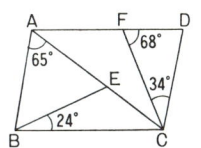
①　∠ACF
②　∠BEC

（5） 右の図は、∠ABC=72° の等脚台形 ABCD を、辺 AB に平行な直線 DE を折り目として、折り重ねたら、頂点 C が点 C′ の位置にきたことを示している。 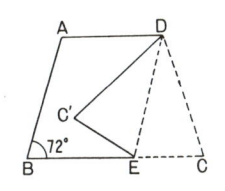
∠C′DE の大きさを求めなさい。

（6） 三角形 ABC で、∠B は ∠A の 3 倍に等しく、∠C は ∠A より 20° だけ小さいとき、∠A, ∠B, ∠C の大きさをそれぞれ求めなさい。

| 時間 | 45 分 | 得点 | | 基準 | A…80 点以上　B…79 点〜55 点　C…54 点以下 |

第21日　合同・三角形

要点学習

1. **合同**　2つの図形をきちんと重ね合わせることができるとき，この2つの図形は合同であるという。
2. **合同な図形の性質**　合同な2つの図形の対応する角の大きさ，対応する部分の長さは等しく，面積は等しい。
3. **三角形の合同条件**　2つの三角形は，次のおのおのの場合に合同である。
   ○ 3組の辺の長さがそれぞれ等しい。
   ○ 2組の辺の長さとその間の角の大きさがそれぞれ等しい。
   ○ 1組の辺の長さとその両端の角の大きさがそれぞれ等しい。
4. **直角三角形の合同条件**
   ○ 2つの直角三角形は，斜辺と1つの鋭角がそれぞれ等しいとき合同である。
   ○ 2つの直角三角形は，斜辺と他の1辺がそれぞれ等しいとき合同である。

● これだけは再確認しよう ●

（1）**合同な図形と面積**
　　2つの合同な図形の面積は等しいが，面積の等しい図形が合同とはかぎらない。

（2）**三角形の合同条件**（2辺夾角）
　　2組の辺の長さと1角が等しいとき，2つの三角形はつねに合同であるとはいえない。 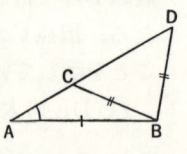
　　上の図で，△ABCと△ABDはAB＝AB, BC＝BD, ∠CAB＝∠DABであるが合同ではない。

（3）**三角形の合同条件**（2角夾辺）
　　1組の辺の長さと2角が等しいとき，2つの三角形はつねに合同であるとはいえない。 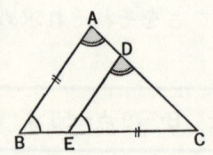
　　前の図で△ABCと△DECはAB＝EC, ∠ABC＝∠DEC, ∠BAC＝∠EDCであるが合同ではない。

（4）**二等辺三角形**
　　定義：2辺の長さの等しい三角形を二等辺三角形という。
　　三角形が二等辺三角形であることの証明
　　○ 2辺の長さが等しい。
　　○ 2角の大きさが等しい。

（5）**正三角形**
　　定義：3辺の長さの等しい三角形を正三角形という。
　　三角形が正三角形であることの証明
　　○ 3辺の長さが等しい。
　　○ 3角の大きさが等しい。

＜例題 A＞

右の図で，点Bは線分 AC 上の点で，△ABD，△BCE はどちらも正三角形である。また，点Fは辺 BD と線分 AE との交点で，点Gは辺 BE と線分 CD との交点である。
AF＝DG であることを証明せよ。

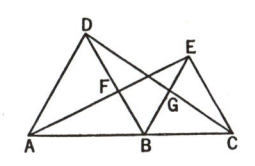

AF＝DG であることは，
　△ABF≡△DBG
が証明できればよい。
△ABF≡△DBG を証明するには，
　∠FAB＝∠GDB
が証明できればよい。
∠FAB＝∠GDB を証明するには，
　△ABE≡△DBC
が証明できればよい。
このように，結論から考えを進めて，証明の手がかりをえる方法もある。

解　（証明）　△ABE と △DBC とにおいて，
　　AB＝DB（仮定）……………①
　　EB＝CB（仮定）……………②
　　∠ABE＝∠ABD＋∠DBE ⎫
　　∠DBC＝∠EBC＋∠DBE ⎬
　　∠ABD＝∠EBC　（仮定）　⎭
　　∴　∠ABE＝∠DBC ………③
①，②，③より，2組の辺とその間の角がそれぞれ等しい。　∴　△ABE≡△DBC………④
△ABF と △DBG とにおいて，
　　AB＝DB（仮定）………………………⑤
　　∠ABF＝∠DBG＝60°………………………⑥
　　④より，∠FAB＝∠GDB　………………⑦
⑤，⑥，⑦より，1組の辺とその両端の角がそれぞれ等しい。　∴　△ABF≡△DBG　∴　AF＝DG

＜例題 B＞

右の図は，AB＝CB である直角三角形 ABC の直角の頂点Bを通る直線 l に，頂点A，Cから垂線をそれぞれひき，その交点をD，Eとしたものである。
△ABD≡△BCE であることを証明せよ。

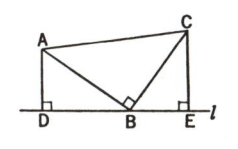

直角三角形の2つの鋭角は余角（和が直角の2角）であることと，平角（2直角）から直角をひいたときできる2つの鋭角は余角であることを用いて証明する。
∠BAD＋∠ABD＝∠R
∠CBE＋∠ABD＝∠R

解　（証明）
△ABD と △BCE とにおいて，
　　AB＝BC（仮定）……………………………①
　　∠ADB＝∠BEC＝∠R（仮定）…………②
　　∠BAD＝∠R－∠ABD ⎫　∴　∠BAD＝∠CBE
　　∠CBE＝∠R－∠ABD ⎬　　　　　………③
①，②，③より，直角三角形で斜辺と1鋭角がそれぞれ等しい。　∴　△ABD≡△BCE

第22日

実力養成テスト ── 合同・三角形

1 右の図のように,正三角形 ABC の辺 BC の延長上に点 D をとり,次に頂点 C を通る AB に平行な直線をひき,その線上に BD＝CE となるように点 E をとる。このとき,次の問いに答えなさい。　　　　　　　　　　　　　　　(各9点)
(1) AD＝AE であることを証明しなさい。
(2) △ADE は正三角形であることを証明しなさい。

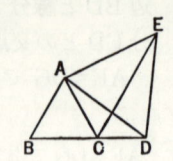

2 右の図で,三角形 ABC と三角形 APQ は正三角形で,∠ABP＝90°である。このことから,次の問いに答えなさい。
(1) C と Q を結ぶと,三角形 ABP と三角形 ACQ は合同である。この証明をかきなさい。
(2) QC を延長し,BP と交わる点を D とするとき,∠BDC の大きさはいくらですか。　　　　　　　　(各9点)

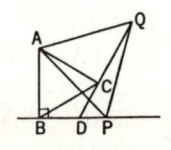

3 右の図において,四角形 ABCD は正方形で,E は辺 AB 上の点,F は辺 DE の延長と辺 CB の延長との交点である。点 A,C から,辺 DE にそれぞれ垂線 AG,CH をひいたとき AG＝EB である。次の問いに答えなさい。　　　　　　　　　　　　　　　　(各8点)
(1) 三角形 AGD と三角形 EBF とは合同であることを証明しなさい。
(2) CH＝FB であることを証明しなさい。

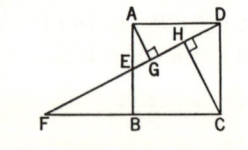

4 右の図のように,AB＝AC である三角形 ABC の AB 上に点 D を,AC の延長上に点 E をそれぞれとり,BD＝CE とする。BC と DE との交点を M とするとき,次の問いに答えなさい。　　　　　　　　　　　　　　(各8点)
(1) E を通る AB の平行線をひき,BC の延長との交点を F として,EC＝EF であることを証明しなさい。
(2) (1)の結論を用いて,M は DE の中点であることを証明しなさい。

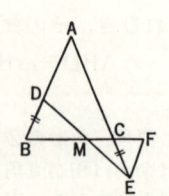

5 三角形 ABC は二等辺三角形で,AB＝AC である。辺 BC 上に点 P,辺 AC 上に点 Q,辺 AB 上に点 R をとり,CP＝BR,BP＝CQ となるようにする。これについて,次の問いに答えなさい。　　　　　　　　　　　　(各8点)

(1) 「三角形PQRは二等辺三角形である。」ことの証明を完成しなさい。

〔仮定〕 図において
AB＝AC，CP＝BR，BP＝CQ
〔結論〕 △PQRは二等辺三角形
〔証明〕

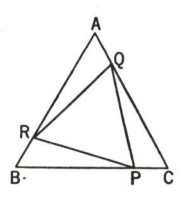

(2) ∠A＝56°として，二等辺三角形PQRの底角の大きさを求めなさい。

6 右の図は，頂点Dを共有する2つの正方形ABCDと正方形DEFGの頂点C，Eを通る直線 l に，頂点B，D，Fから垂線BH，DI，FJをひいたものである。
次の問いに答えなさい。 （各8点）

(1) 三角形BHCと三角形CIDとは合同であることを証明しなさい。
(2) BH＋2DI＋FJ＝HJであることを証明しなさい。

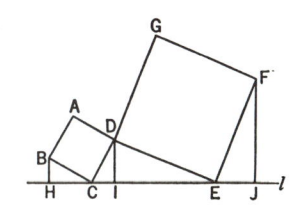

強化問題

(1) 右の図で，点A，Bは辺OX上の点，点C，Dは辺OY上の点である。OA＝OC，OB＝ODのとき次のことを証明しなさい。
① △OAD≡△OCB
② ADとCBの交点をPとするとき，△APB≡△CPD

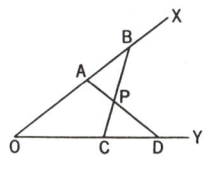

(2) 右の図で正三角形ABCと正三角形CDEとは頂点Cを共有している。 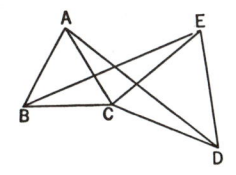
① ∠BCE＝∠ACDであることを証明しなさい。
② BE＝ADであることを証明しなさい。

(3) 右の図は線分BE上に点Cをとり，BC，CEをそれぞれ1辺とする正方形ABCD，CEFGをBEの同じ側にかいたものである。 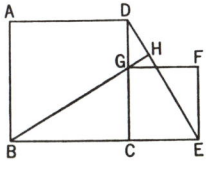
① BG＝DEであることを証明しなさい。
② BGの延長とDEとの交点をHとするとき，BH⊥DEであることを証明しなさい。

時間	50分	得点		基準	A…82点以上　B…81点〜60点　C…59点以下

第23日 四角形・*内心・*外心・*重心

要点学習

1. **平行四辺形** 2組の対辺がそれぞれ平行な四角形を平行四辺形という。
2. **平行四辺形の性質**
   ○ 2組の対辺の長さはそれぞれ等しい。
   ○ 2組の対角の大きさはそれぞれ等しい。
   ○ 2つの対角線はそれぞれの中点で交わる。
3. **平行四辺形になるための条件**
   四角形は次のどれかが成り立てば平行四辺形である。
   ○ 2組の対辺がそれぞれ平行である。（定義）
   ○ 2組の対辺の長さがそれぞれ等しい。
   ○ 1組の対辺が平行で，その長さが等しい。
   ○ 2組の対角の大きさがそれぞれ等しい。
   ○ 2つの対角線がそれぞれの中点で交わる。
*4. **内心・外心・重心**
   ○ 三角形の3つの内角の二等分線は同じ点（内心）で交わる。
   ○ 三角形の3辺の垂直二等分線は同じ点（外心）で交わる。
   ○ 三角形の3つの中線は同じ点（重心）で交わる。

● これだけは再確認しよう ●

（1） **平行四辺形の性質**
　"2つの対角線はそれぞれの中点で交わる"は"2つの対角線はたがいに他を二等分する"ということもある。

（2） **四角形の定義**
　○1組の対辺が平行である四角形を台形という。
　○4辺の長さが等しい四角形をひし形という。
　○4角の大きさが等しい四角形を長方形という。
　○4辺の長さが等しく，4角の大きさが等しい四角形を正方形という。

（3） **四角形の対角線**
　ひし形：それぞれの中点で垂直に交わる。
　長方形：長さが等しく，それぞれの中点で交わる。
　正方形：長さが等しく，それぞれの中点で垂直に交わる。

*（4） **内心は内接円の中心**
　三角形の内心は3辺から等距離にある。

*（5） **外心は外接円の中心**
　三角形の外心は3つの頂点から等距離にある。下の図で，Oは△ABCの外心。

*（6） **重心は中線を2：1に内分**
　下の図で，△ABCの重心をGとすると
　AG：GE＝BG：GF＝CG：GD＝2：1

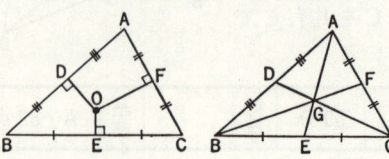

<例題 A>

右の図は，平行四辺形 ABCD の4辺の中点をそれぞれ E，F，G，H とし，AF と ED，BG との交点を I，J，CH と BG，ED との交点をそれぞれ K，L としたものである。四角形 IJKL は平行四辺形であることを証明せよ。

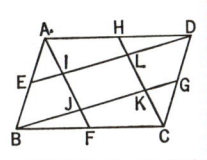

四角形 AFCH と BGDE はそれぞれ1組の対辺が平行で，その長さが等しい。
平行四辺形の2組の対辺は平行であることから，IJ∥LK，IL∥JK をみちびく。

解 $2AH = AD$, $2FC = BC$, $AD = BC$
  ∴ $AH = FC$ ……①
また，$AH /\!/ FC$ ……②
①，②より，1組の対辺が平行で，その長さが等しい。ゆえに，四角形 AFCH は平行四辺形
  ∴ $IJ /\!/ LK$ ……③
同様にして，四角形 BGDE は平行四辺形
  ∴ $IL /\!/ JK$ ……④
③，④より，四角形 IJKL は平行四辺形

<例題 B>

右の図で，△ABC の3辺の長さは，それぞれ AB=8 cm，BC=10 cm，CA=12 cm で，点 O は ∠B，∠C の二等分線の交点である。また，O を通り辺 BC に平行な直線が辺 AB，AC と交わる点がそれぞれ D，E である。
(1) ∠BAC=56° であるとき，∠BOC は何度か。
(2) △ADE の周の長さは何 cm か。

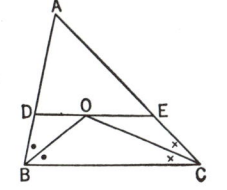

(1) 点 O が △ABC の内心のとき
  $\angle BOC = \dfrac{1}{2}\angle A + \angle R$
であることを使ってもよい。
(2) $AD + DE + AE$
$= AD + DO + EO + AE$
$= AD + DB + EC + AE$
$= AB + AC$ である。

解 (1) $\angle ABC + \angle ACB = 180° - \angle BAC$
  $= 180° - 56° = 124°$
$\angle OBC + \angle OCB = \dfrac{1}{2}\angle ABC + \dfrac{1}{2}\angle ACB$
  $= 124° \times \dfrac{1}{2} = 62°$
  ∴ $\angle BOC = 180° - 62° = \mathbf{118°}$
(2) $DE /\!/ BC$ ∴ $\angle DOB = \angle CBO$
また，$\angle DBO = \angle CBO$ ∴ $\angle DOB = \angle DBO$
  ∴ $DB = DO$
同様にして，$EC = EO$
  ∴ $AD + DE + AE = AB + AC$
  $= 8 \text{ cm} + 12 \text{ cm} = \mathbf{20 \text{ cm}}$

第24日

実力養成テスト ── 四角形・*内心・*外心・*重心

1 右の図について答えなさい。(各8点)
(1) 四角形 ABCD, EFGH は平行四辺形である。BF+GC の長さを求めなさい。
(2) 四角形 ABCD は平行四辺形である。∠A の大きさを求めなさい。

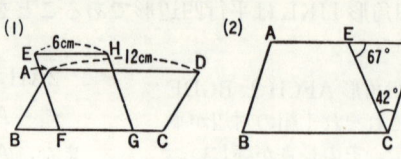

2 右の図のように, 平行四辺形 ABCD の対角線 BD 上に, 2点 E, F をとり, BE=FD とする。次の問いに答えなさい。　(各8点)
(1) 四角形 AECF は平行四辺形であることを証明しなさい。
(2) 点 E, F をどの位置にとるとき, 四角形 AECF の面積が平行四辺形 ABCD の面積の半分になるか。その位置を簡潔に述べなさい。

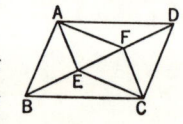

3 平行四辺形 ABCD の辺 BC 上に点 P をとり, ∠PAD の二等分線が辺 BC またはその延長と交わる点を Q とする。次の問いに答えなさい。(各8点)
(1) PA=PQ であることを証明しなさい。 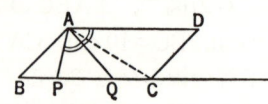
(2) AB=4 cm, AD=7 cm, AC=5 cm とする。点 P が辺 BC 上を B から C まで動くとき, 点 Q が辺 BC またはその延長上を動く部分の長さを求めなさい。

4 右の図のように, 平行四辺形 ABCD において, 辺 AB を四等分した点のうち, A に最も近い点を E, 辺 CD を四等分した点のうち, C に最も近い点を G, 対角線 BD を五等分した点のうち, B に最も近い点を F, D に最も近い点を H とするとき, 四角形 EFGH は平行四辺形となることを, 次の順序で証明しました。次の □ に当てはまるものをかきなさい。　(10点) 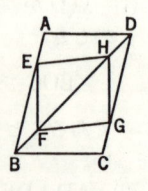
(証明)　△BEF と △DGH において, 与えられた条件により
BF=DH……(1)　　BE=DG……(2)　　ア□ = イ□……(3)となる。
よって, (1), (2), (3)より　△BEF ≡ △DGH
したがって, ウ□ = エ□, ∠BFE=∠DHG……(4)
また, (4)より オ□ = カ□ ゆえに, EF∥GH よって, 四角形 EFGH は向かいあった1組の キ□ が等しく, また, ク□ であるから平行四辺形となる。

*5 下の図について，次の問いに答えなさい。　　　　　　　　（各7点）
(1) △ABCの内心Iから辺BCにひいた垂線と辺BCとの交点をDとする。ID=7cmであるとき，△ABCの面積を求めなさい。
(2) △ABCの外心をOとするとき，∠BOCの大きさを求めなさい。
(3) △ABCの重心をGとするとき，△ABGと△ACGとは面積が等しいことを証明しなさい。

(1) 図：△ABC，AB=32cm，AC=20cm，BC=30cm，内心I，ID⊥BC
(2) 図：△ABC，∠A=70°，外心O
(3) 図：△ABC，重心G，中線AD

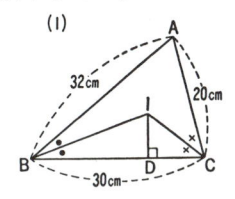

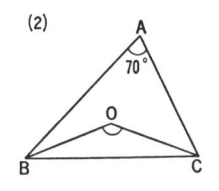

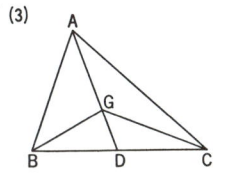

*6 次の三角形の外心は下のア〜エのうちのどこにありますか。（各7点）
(1) 鋭角三角形　　(2) 直角三角形　　(3) 鈍角三角形
　ア　三角形の外部　　　　　　　イ　三角形の辺上
　ウ　三角形の内部　　　　　　　エ　ア，イ，ウのどの場合もある。

■ 強化問題 ■

（1）下の図の□ABCDで，AE=CG，BF=DHであるとき，四角形EFGHは平行四辺形であることを証明しなさい。

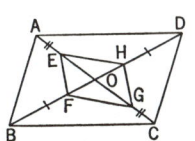

（2）下の図の□ABCDで，四つの角の二等分線の交点を，E，F，G，Hとするとき，四角形EFGHは長方形であることを証明しなさい。

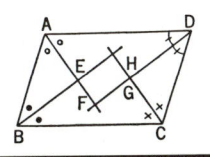

*（3）下の図で，△ABCの2つの中線BDとCEとが等しい。

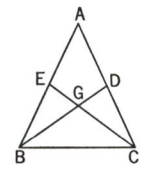

① BDとCEの交点をGとするとき，BG=CGを証明せよ。
② △ABCは二等辺三角形であることを証明せよ。

| 時間 | 50分 | 得点 | | 基準 | A…82点以上　B…81点〜60点　C…59点以下 |

第25日 比例・反比例

要点学習

1. **関数** 2つの変数 x, y があって，x の値がきまると，それに対応する y の値が1つきまるとき，y は x の関数である。
2. **比例** 2つの変数 x, y の間に，$y=ax$（a は比例定数）の関係式が成り立つとき，y は x に比例する。
3. **反比例** 2つの変数 x, y の間に，$y=\dfrac{a}{x}$（a は比例定数）の関係式が成り立つとき，y は x に反比例する。
4. **座標** 右の図で，2数 4, 3 の組 (4, 3) を点Pと対応させ，点Pの座標という。
4を点Pの x 座標，3を点Pの y 座標という。
5. **比例のグラフ** 原点を通る直線である。
6. **反比例のグラフ** 双曲線である。

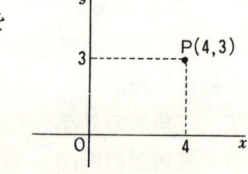

● これだけは再確認しよう ●

(1) 比例定数（比例） y が x に比例するとき，$\dfrac{y}{x}$ の値は一定である。この値が比例定数である。

(2) 比例定数（反比例） y が x に反比例するとき，xy の値は一定である。この値が比例定数である。

(3) 比例 y が x に比例するとき，x の値が2倍，3倍，……になると y の値も2倍，3倍，……になる。

(4) 反比例 y が x に反比例するとき，x の値が2倍，3倍，……になると y の値は $\dfrac{1}{2}$ 倍，$\dfrac{1}{3}$ 倍，……になる。

(5) 変域 変数のとる値の範囲を，その変数の変域という。

(6) 座標の符号 右の図のようになる。
x 軸上の点の y 座標は 0
y 軸上の点の x 座標は 0
原点の座標は (0, 0)

(7) 比例・反比例のグラフ 右の図で，
①は $y=\dfrac{2}{3}x$ のグラフ
②は $y=\dfrac{6}{x}$ のグラフ

<例題 A>

y が x に比例して，$x=6$ のとき $y=2$ である。次の問いに答えよ。
(1) 比例定数を求めよ。
(2) $x=9$ のときの y の値を求めよ。

y が x に比例するとき，
$y=ax$
の関係式が成り立つ。

[解] (1) $y=ax$ に，$x=6$，$y=2$ を代入すると，
$2=6a$　∴　$a=\dfrac{2}{6}=\dfrac{1}{3}$

(2) $y=\dfrac{1}{3}x$ に，$x=9$ を代入すると，
$y=\dfrac{1}{3}\times 9=\mathbf{3}$

<例題 B>

y が x に反比例して，$x=4$ のとき $y=-3$ である。次の問いに答えよ。
(1) 比例定数を求めよ。
(2) $x=-6$ のときの y の値を求めよ。

y が x に反比例するとき，
$y=\dfrac{a}{x}$
の関係式が成り立つ。

[解] (1) $y=\dfrac{a}{x}$ に，$x=4$，$y=-3$ を代入すると，
$-3=\dfrac{a}{4}$　∴　$a=-3\times 4=\mathbf{-12}$

(2) $y=-\dfrac{12}{x}$ に，$x=-6$ を代入すると，
$y=-\dfrac{12}{-6}=\mathbf{2}$

<例題 C>

次の問いに答えよ。
(1) 右の図の直線①の式を求めよ。
(2) y が x に反比例し，グラフが点 $(-2, 9)$ を通るとき，y を x の式で表せ。

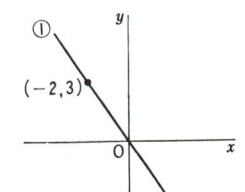

比例のグラフは
　原点を通る直線
反比例のグラフは
　双曲線

[解] (1) $y=ax$ に $x=-2$，$y=3$ を代入して，$a=-\dfrac{3}{2}$　∴　$\mathbf{y=-\dfrac{3}{2}x}$

(2) $y=\dfrac{a}{x}$ に $x=-2$，$y=9$ を代入して $a=-18$
∴　$\mathbf{y=-\dfrac{18}{x}}$

第26日

実力養成テスト ── 関数・比例・反比例

1 次の式について,下の問いに答えなさい。 (各5点)

ア $y=x+3$ イ $y=-4x$ ウ $y=\dfrac{1}{x}$ エ $y=x^2$

オ $y=\dfrac{1}{2}x$ カ $y=-\dfrac{10}{x}$ キ $y=-3x+4$ ク $y=-2x^2$

(1) y が x に比例するのはどれですか。
(2) y が x に反比例するのはどれですか。

2 2つの量の間の関係が,次のような式で表されるものを,下のア〜オのうちから,それぞれ2つずつ選び,その符号を書きなさい。 (各5点)

(1) $y=kx$ (k は一定の数)　　(2) $y=\dfrac{k}{x}$ (k は一定の数)

ア 一定の距離を歩くのに要する時間と速さとの関係
イ 単価の一定な商品の数量と金額との関係
ウ 弾性の限界内での,バネにつるしたおもりの重さと,バネの長さとの関係
エ 一定の面積をもつ長方形の,たての長さとよこの長さとの関係
オ 円の半径の長さと,その周の長さとの関係

3 y が x に比例して,$x=6$ のとき $y=8$ である。次の問いに答えなさい。 (各5点)

(1) 比例定数を求めなさい。
(2) y を x の式で表しなさい。
(3) $x=12$ のときの y の値を求めなさい。

4 y が x に反比例して,$x=4$ のとき $y=-9$ である。次の問いに答えなさい。 (各5点)

(1) 比例定数を求めなさい。
(2) y を x の式で表しなさい。
(3) $x=-6$ のときの y の値を求めなさい。

5 次の問いに答えなさい。 (各5点)

(1) 関数 $y=6x$ で,x の変域 $1<x<3$ に対応する y の変域を求めなさい。
(2) 関数 $y=\dfrac{28}{x}$ で,x の変域 $2\leqq x\leqq 7$ に対応する y の変域を求めなさい。

6 円周上を一定の速さで回っている点がある。いま,この点が7分間に20周するとき,10分間では何周するか。分数で答えなさい。 (5点)

7 右の図で，A(4, 3)，B(−4, 0)，C(2, −3) である。次の問いに答えなさい。　　　　　　（各5点） 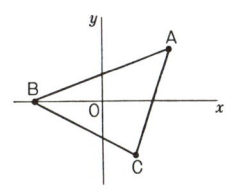
(1) 点Aと原点について対称な点の座標を求めなさい。
(2) 点Bとy軸について対称な点の座標を求めなさい。
(3) △ABCの面積を求めなさい。ただし，座標軸の1目もりを1cmとする。

8 右の図の①～④の直線は，比例のグラフである。それぞれについて，yをxの式で表しなさい。　　（各5点）

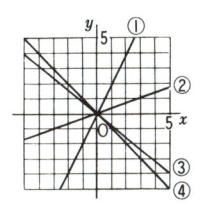

強 化 問 題

（1） 次の問いに答えなさい。
① yがxに比例し，xが2のときyは−6である。xが−2のときのyの値を求めなさい。
② yはxに比例し，$x=5$のとき，$y=8$である。このとき，$y=12$となるxの値を求めなさい。

（2） 次の問いに答えなさい。
① yはxに反比例し，$x=3$のとき$y=-4$である。$x=-2$のとき，yの値を求めなさい。
② yがxに反比例し，$x=-4$のとき$y=2$である。$x=0.5$のときのyの値を求めなさい。

（3） yはxに比例して，$x=2$のとき$y=6$である。また，zはyに反比例して，$y=3$のとき$z=2$である。$x=-1$のときのzの値を求めなさい。

（4） 次の問いに答えなさい。
① $y=-2x$でxの変域が$-3\leqq x\leqq 1$であるとき，yの変域を求めなさい。
② $y=\dfrac{18}{x}$でxの変域が$-6<x<-2$であるとき，yの変域を求めなさい。

（5） 右の図の直線①，②は比例のグラフで，①はP(4, −2)を通り，②はQ(−3, −4)を通っている。①，②それぞれについて，yをxの式で表しなさい。

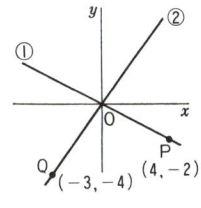

（6） 関数$y=\dfrac{a}{x}$（aは定数）のグラフ上に点P(−6, 4)があるとき，aの値を求めなさい。

| 時間 | 50分 | 得点 | | 基準 | A…85点以上　B…84点～55点　C…54点以下 |

第27日　一次関数

要点学習

1. **一次関数**　2つの変数 x, y の間に，$y=ax+b$（a, b は定数，$a \neq 0$）の関係式が成り立つとき，y は x の一次関数である。
2. **変化の割合**　一次関数 $y=ax+b$ で，$\dfrac{y \text{の増加量}}{x \text{の増加量}}$ を変化の割合といい，一定の値（a）である。
3. **一次関数のグラフ**　一次関数 $y=ax+b$ のグラフは，$y=ax$ のグラフを y 軸の正の方向に b だけ平行移動した直線である。
4. **傾き・切片**　一次関数 $y=ax+b$ のグラフで，a を傾き，b を切片（y 切片）という。
5. **$y=b$ のグラフ**　点 $(0, b)$ を通り，x 軸に平行な直線である。
6. **$x=c$ のグラフ**　点 $(c, 0)$ を通り，y 軸に平行な直線である。
7. **$ax+by+c=0$ のグラフ**　$y=-\dfrac{a}{b}x-\dfrac{c}{b}$ のグラフと同じである。

● これだけは再確認しよう ●

(1) 変化の割合
　関数 $y=2x-3$ で，x が 1 から 3 に増加すると
　変化の割合は $\dfrac{3-(-1)}{3-1}=\dfrac{4}{2}=2$

(2) 一次関数の式

x	-1	1	3	5	7
y	-5	1	7	13	19

　上の表のように値が対応する一次関数の式は，x の値が 1 増すと，y の値が 3 増すから，$y=3x+b$，この式に $x=1, y=1$ を代入して，$1=3+b$，$b=-2$
　　∴　$y=3x-2$

(3) 変域
　関数 $y=2x+3$ で，x の変域が $1<x<4$ のとき，y の変域は，
$2\times1+3=5$，$2\times4+3=11$ から，
　　　$5<y<11$

(4) 一次関数のグラフ
　①～④のグラフ
$y=\dfrac{1}{2}x$ ……①
$y=-\dfrac{3}{2}x$ …②
$y=\dfrac{1}{3}x-4$…③
$y=-\dfrac{4}{5}x+4$…④

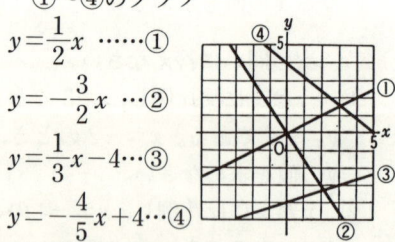

(5) 傾き・切片
　関数 $y=ax+b$ のグラフは
・$a>0$ のとき，右上がりの直線
・$a<0$ のとき，右下がりの直線
・$b>0$ のとき，y 軸と原点より上で交わる。
・$b<0$ のとき，y 軸と原点より下で交わる。

(6) 平行な直線　$y=ax+b$ と $y=ax+c$ のグラフは平行

<例題 A>

次の問いに答えよ。
(1) y は x の一次関数で，x の値が 1 増すごとに，y の値は 3 ずつ増し，$x=2$ のとき $y=-1$ である。y を x の式で表せ。
(2) 関数 $y=3x-1$ で，$1\leqq x\leqq 2$ のとき，y の変域を求めよ。

(1) $y=ax+b$ で
　x が 1 増すと，
　y は a 増す。
(2) x に 1 と 2 を代入して
　y の値を求める。

【解】(1) $y=ax+b$ で，$a=3$，$y=3x+b$ に，
　　　$x=2$，$y=-1$ を代入すると，$-1=6+b$
　　　∴ $b=-7$　　ゆえに　$\boldsymbol{y=3x-7}$
(2) $x=1$ のとき，$y=3\times 1-1=2$
　　$x=2$ のとき，$y=3\times 2-1=5$
　　∴ $2\leqq y\leqq 5$

<例題 B>

右の表はある一次関数の x と y の値の対応を表している。
y を x の式で表せ。

x	…	-1	1	3	…
y	…	5	1	-3	…

一次関数は，
$y=ax+b$
　(a，b は定数，$a\neq 0$)
で表される。

【解】一次関数であるから，$y=ax+b$ で表せる。
この式に $(1, 1)$ を代入すると，
　　$1=a+b$ ………①
$(3, -3)$ を代入すると，
　　$-3=3a+b$ ……②
①，②を連立方程式として解くと，$a=-2$，$b=3$
　　∴ $\boldsymbol{y=-2x+3}$

<例題 C>

右の図で，直線 l は関数 $y=\dfrac{2}{3}x+6$ のグラフで，直線 m と x 軸，y 軸との交点をそれぞれA，Bとする。
(1) 関数 $y=\dfrac{2}{3}x+6$ で，x が 1 ずつ増すと y はいくらずつ増すか。
(2) グラフが m になる関数の式を書け。

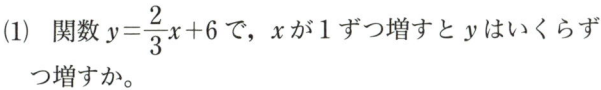

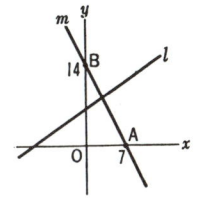

【解】(1) 一次関数であるから，$y=\dfrac{2}{3}x+6$ から $\dfrac{2}{3}$
(2) $y=ax+b$ に $(7, 0)$，$(0, 14)$ を代入して連立方程式を解くと，
　　　　$a=-2$，$b=14$　　∴ $\boldsymbol{y=-2x+14}$

第28日

実力養成テスト──一次関数

1 x の値が3増加すると，y の値が1減少する一次関数 $y=ax+b$ について，次の問いに答えなさい。 (各7点)

(1) x が $3\leqq x\leqq 4$ の値をとって変化するとき，y の最も大きい値が5であった。b の値を求めなさい。

(2) b の値が $\frac{7}{3}$ のとき，$-20\leqq y\leqq 1$ をみたす y の値に対応する x の値のうち自然数はいくつありますか。

2 ある自動車が出発したときガソリンは35 l はいっていた。この自動車の走った距離 x km

走った距離(x km)	0	52	104	156	208	260	312
残ったガソリンの量(y l)	35	31	27	23	19	15	11

と，残ったガソリンの量 y kl との関係は上の表のようになった。次の問いに答えなさい。 (各7点)

(1) 上の表から y を x の式で表しなさい。(ただし，$0\leqq x\leqq 312$ とする。)

(2) 出発してから312 kmの地点でガソリン10 l を入れ足した。ガソリンの消費量は上の表の場合と同じと考えると，ガソリンがなくなるまでにあと何km走ることができますか。

3 右の図において BC=12 cm，CD=6 cm，∠ABC=∠CDA=∠R で，点 P は辺 AD 上を A から D まで動くものとする。AP=x cm のとき，四角形 ABCP の面積を y cm² とする。このとき $y=ax+30$ (a は定数)という関係がある。次の問いに答えなさい。 (各7点)

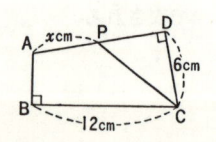

(1) AB の長さを求めなさい。

(2) 定数 a の大きさを求めなさい。

4 長方形 ABCD の辺上を，頂点 A から B，C を通って D まで，一定の速さで動く点 P がある。

右のグラフは，点 P が A を出発してから x 秒後の △APD の面積を y cm² としたときの，x と y との関係を表したものである。このとき，次の問いに答えなさい。 (各7点)

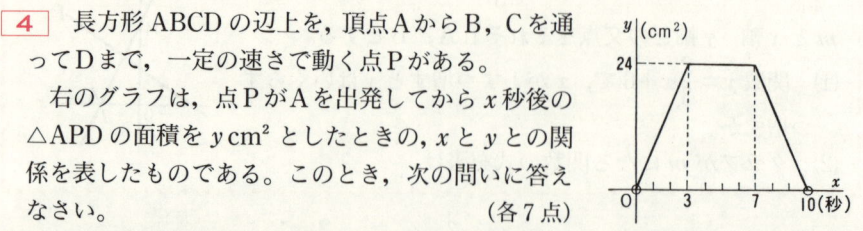

(1) 長方形 ABCD の2辺 AB，BC の長さの比 AB：BC を求めなさい。

(2) 点 P の速さを求めなさい。

(3) △APD の面積が，長方形 ABCD の面積の $\frac{1}{3}$ より大きくなるような x の範

囲を不等式で表しなさい。

5 右のグラフで，Bは直線 $y=x-2$ と x 軸との交点で，Cは直線 $y=-\frac{4}{5}x+7$ と y 軸との交点である。次の問いに答えなさい。　　　　　　　　　　（各8点）
(1) 交点Aの座標を求めなさい。
(2) 2点B，Cを通る直線の式を求めなさい。

6 右の図のように，2点B，Dは直線 $y=x$ の上にあり，2点A，Cは直線 $y=-x+8$ の上にあって，線分AD，BCはともに x 軸と平行である。また，直線 $y=-x+8$ が x 軸と交わる点をE，点Aの座標を $(1, 7)$ とする。これについて，次の問いに答えなさい。
　　　　　　　　　　　　　　　　　　（各7点）
(1) 点Dの座標を求めなさい。
(2) 点Bの座標が $(2, 2)$ であるとき，点Cを通って，直線 $y=x$ に平行な直線の式を求めなさい。
(3) 2点B，Cを移動して，四角形ABCDが正方形になるとき，正方形ABCDの面積Sと四角形BOECの面積Tの比を求めなさい。

強 化 問 題

（1）一次関数で，x が3増加すると y は5増加する。また，x が1のとき y は2となる。y を x の式で表しなさい。

（2）一次関数 $y=-3x+2$ で，x の値が2から5まで変わるとき，x の値の変化に対する y の値の変化の割合を求めなさい。

（3）次の問いに答えなさい。
① 原点と2直線 $y=2x-1$，$y=4-x$ の交点を通る直線の式を求めなさい。
② 2直線 $x+y=6$，$x+ay=-6$ が直線 $y=2x$ 上で交わるとき，a の値を求めなさい。
③ 直線 $2x+y=0$ に平行で，点 $(-3, 4)$ を通る直線の式を求めなさい。

（4）右の関数のグラフについて，次の変域における関数の式をかきなさい。
① $0 \leq x \leq 10$
② $10 \leq x \leq 18$
③ $18 \leq x \leq 25$

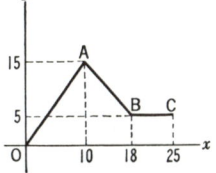

時間	55分	得点		基準	A…86点以上　B…85点～51点　C…50点以下

第29日　確　率

要点学習

1. **場合の数**　○ Aがmとおり,Bがnとおり起こる場合があり,AとBが同時に起こる場合がないとき,AまたはBの起こる場合の数は,$m+n$（とおり）である。
   ○ Aがmとおり,そのおのおのについてBがnとおり起こるとき,Aが起こりかつBが起こる場合の数は,mn（とおり）である。

2. **確率**　○ 同じ状態で,Eがn回起こり,その中でAがr回起こり,nを十分大きくとるとき,$\dfrac{r}{n}$（相対度数）が一定の値pに近づく場合,pをAが起こる確率という。
   ○ Eが起こりうるすべての場合の数がnで,これらが同様に確からしいとする。その中でAの起こる場合の数がrであるとき,$\dfrac{r}{n}$をAが起こる確率という。

   例　さいころを1個投げて,3の倍数の目が出る確率は $\dfrac{2}{6}=\dfrac{1}{3}$

● これだけは再確認しよう ●

（1）起こりうるすべての場合

貨幣を2枚投げたときの起こりうるすべての場合は

$\left.\begin{array}{ll}表　表\\表　裏\\裏　裏\end{array}\right\}$でなく $\left.\begin{array}{ll}表　表\\表　裏\\裏　表\\裏　裏\end{array}\right\}$である。

貨幣を3枚投げたときの起こりうるすべての場合の数は,
　$2\times2\times2=8$（通り）

さいころを2個投げたときの起こりうるすべての場合の数は,一方の1,2,3,4,5,6のおのおのについて他方の6つの目の出方があるから,
　$6\times6=36$（通り）

さいころを3個投げたときの起こりうるすべての場合の数は
　$6\times6\times6=216$（通り）

（2）確率の性質

ことがらAの起こる確率をpとすると
○ Aが起こる確率　………$0\leqq p\leqq 1$
*○ Aが起こらない確率　………$1-p$
○ Aが必ず起こるとき　………$p=1$
○ Aが決して起こらないとき $p=0$

＊（3）起こる確率,起こらない確率

さいころを1つ投げて,1の目の出る確率は$\dfrac{1}{6}$,1の目の出ない確率は$1-\dfrac{1}{6}=\dfrac{5}{6}$である。また,1の目の出ない確率は1以外の目の出る確率でもある。

貨幣を2個投げて,表が1回も出ない確率は$\dfrac{1}{4}$,表が少なくとも1回出る確率は$1-\dfrac{1}{4}=\dfrac{3}{4}$

＜例題 A＞

10円玉が2個，50円玉が1個，100円玉が1個の合計4個がある。これらを使って表せる金額は何とおりあるか。

[解]

10円玉は0，1，2のどれかであり，50円玉はそのおのおのについても，0，1のどれかであり，100円玉はそのおのおのについて，0，1のどれかである。(0, 0, 0)はかぞえないことにする。

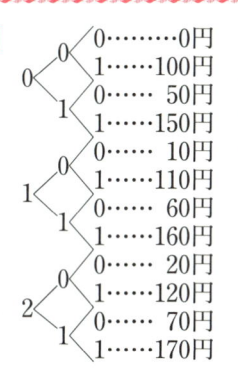

```
    0……0円
  0<
    1……100円
0<
    0……50円
  1<
    1……150円

    0……10円
  0<
    1……110円
1<
    0……60円
  1<
    1……160円

    0……20円
  0<
    1……120円
2<
    0……70円
  1<
    1……170円
```

左から10円玉の個数，50円玉の個数，100円玉の個数として考える。たとえば，(2, 1, 1)は，10円×2＋50円×1＋100円×1＝170円である。

[答] **11とおり**

＜例題 B＞

大小2つのさいころを同時に投げるとき，目の数の和が8になる確率を求めよ。

すべての場合は大の6とおりのおのおのについて，小の6とおりがある。

[解] 2つのさいころの目の出方のすべての場合の数は6×6＝36（とおり）で，目の数の和が8になる場合は，

(2, 6), (3, 5), (4, 4), (5, 3), (6, 2)

の5とおりであるから，求める確率は $\dfrac{5}{36}$ である。

＜例題 C＞

袋の中に，赤玉4個と白玉2個がはいっている。この袋の中をよくまぜてから，同時に2個の玉をとり出すとき，1個が赤玉，1個が白玉である確率を求めよ。ただし，どの玉をとり出すことも同様に確からしいものとする。

6個から2個とり出すのに1〜6の番号をつけると，1—2，1—3…のような5通りの6倍ができ，同じ番号の組が2組。

[解] 4＋2＝6，6個の玉から同時に2個をとり出す方法の数は $\dfrac{6 \times 5}{2} = 15$（通り）

赤玉4個から1個，白玉2個から1個の合計2個をとり出す方法の数は 4×2＝8（通り）

求める確率は $\dfrac{8}{15}$

第30日

実力養成テスト──確率

1 A，B，Cの3都市がある。この都市間の交通機関の種類が右の表のようになっている。次の問いに答えなさい。　　　　　　（各6点）

都市間	交通機関
A，B	3とおり
B，C	2とおり
A，C	4とおり

(1) AからCへ行くのに，Bを通って行く方法は何とおりあるか。

(2) AからCへ行くすべての方法は何とおりあるか。

2 A，B，C，Dの4人が松，竹という2部屋に分かれて宿泊することになった。松の部屋は最大2名，竹の部屋は最大3名の宿泊ができる。松の部屋にはA，B 2人のうち，少なくとも1人は宿泊することにしたとき，何とおりの分かれかたがありますか。　　　　　　（6点）

3 大小2つのさいころを同時に投げるとき，次の問いに答えなさい。（各6点）
(1) 両方とも4以上の目の出る確率を求めよ。
(2) この2つのさいころの目の数の和が6となる確率を求めよ。

4 $(0, 0)$ を出発点として座標平面上を動く点Pがある。この点はさいころをふって1から4までの目が出たときは x 軸正の方向に1進み，5または6の目が出たときは y 軸正の方向に1進むものとする。このとき，次の確率を求めなさい。　　　　　　（各7点）
(1) さいころを1回ふって点Pが $(1, 0)$ の点にくる確率。
(2) さいころを3回ふって点Pが $(0, 3)$ の点にくる確率。
(3) さいころを3回ふって点Pが $(2, 1)$ の点にくる確率。

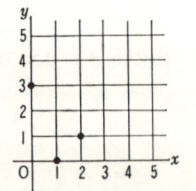

5 数字1，2，3，4，5が1つずつかかれている5枚のカードをよくきって，1枚抜き出し，そのカードの数字を十の位とし，残りのカードをふたたびよくきってから，さらに1枚抜き出して，そのカードの数字を一の位として，2けたの整数をつくる。次の各場合について確率を求めなさい。　　　　　　（各7点）
(1) その整数が偶数である。　　(2) その整数が3の倍数である。
(3) その整数が32より大きい。

6 同じ大きさの玉で，1から9までの奇数の数字が，1個の玉に1つずつ書かれた5個の白い玉と，2から8までの偶数の数字が，1個の玉に1つずつ書かれた4個の赤い玉が1つの袋の中にはいっている。この袋の中から，よくか

きまぜて同時に2個の玉を取り出すとき，次の問いに答えなさい。　（各7点）
(1)　2個とも白い玉である確率を求めなさい。
(2)　2個の玉に書かれた数の和が奇数になる確率を求めなさい。

[7]　右の図において、点A，B，Cは円周を3等分した点である。大，小2つのさいころを同時に1回投げ，出た目により点Pが次の規則1，2にしたがって円周上を進むものとする。　（各7点）

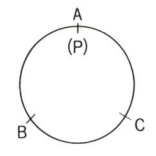

規則：1　はじめに，点Aから大きいさいころの出た目の数だけ左まわりに進む。
　　　　（例：大きいさいころの目が4のとき，A→B→C→A→Bと，Bまで進む。）
　　　2　次に，規則1によって進んだ位置から，小さいさいころの出た目の数だけ右まわりに進む。

(1)　Pが規則1によってAまで進み，しかも規則2によって再びAまで進むような，さいころの目の出かたは全部で何通りあるかを求めなさい。
(2)　規則1によって進んだPの位置と，規則2によって進んだPの位置とが，一方がBとなり他方がCとなる確率を求めなさい。

強化問題

（1）　①，②，③，④の4枚のカードが1組ずつAとBの袋にはいっている。このA，Bの袋からそれぞれ1枚のカードを出すとき，次の問いに答えなさい。
　①　2枚のカードの出かたは，全部で何とおりありますか。
　②　2枚のカードの数の差が1になる出かたは，全部で何とおりありますか。
（2）　みかんを兄が6個，弟が3個もっている。いま，1枚の硬貨を投げて，表が出れば兄は弟に2個与え，裏が出れば弟は兄に1個与える約束で，この硬貨を3回投げるとき，次の問いに答えなさい。
　①　弟が全部のみかんを失う確率を求めなさい。
　②　兄が3個，弟が6個になる確率を求めなさい。
（3）　A，B2個のさいころをふるとき，少なくとも1個は1の目の出る確率を求めなさい。

時間	60分	得点		基準	A…78点以上　B…77点～54点　C…53点以下

第31日

平方根・多項式の乗法, 除法・因数分解

要点学習

1. **平方根** 平方して $a(a≧0)$ になる数を a の平方根といい, $±\sqrt{a}$ で表す。　例 16の平方根は $±\sqrt{16}=±4$

2. **平方根の計算**
   ○ $(\sqrt{a})^2=a$　　○ $\sqrt{a^2}=a$　　○ $\sqrt{a}\sqrt{b}=\sqrt{ab}$
   ○ $\dfrac{\sqrt{b}}{\sqrt{a}}=\sqrt{\dfrac{b}{a}}$　　○ $b\sqrt{a}+c\sqrt{a}=(b+c)\sqrt{a}$
   ○ $\dfrac{b}{\sqrt{a}}=\dfrac{b\sqrt{a}}{(\sqrt{a})^2}=\dfrac{b\sqrt{a}}{a}$（分母の有理化）

3. **素数・素因数分解**
   1と自分自身のほかに約数をもたない1より大きい整数を素数といい, 整数を素数の積で表すことを素因数分解という。

4. **多項式の乗法, 除法・因数分解の公式**
   ○ $a(b+c)=ab+ac$　　　　　○ $(a+b)÷c=\dfrac{a}{c}+\dfrac{b}{c}$
   ○ $(a+b)(c+d) \rightleftarrows ac+ad+bc+bd$
   ○ $(x+a)(x+b) \rightleftarrows x^2+(a+b)x+ab$
   ○ $(a+b)^2 \rightleftarrows a^2+2ab+b^2$　　○ $(a-b)^2 \rightleftarrows a^2-2ab+b^2$
   ○ $(a+b)(a-b) \rightleftarrows a^2-b^2$

● これだけは再確認しよう ●

（1）$\sqrt{a}$ は正の数, $-\sqrt{a}$ は負の数
　　$a>0$ のとき,
　　$\sqrt{16}$ は 4, $-\sqrt{16}$ は -4

（2）正の数の平方根は2つ
　　16の平方根の値は 4 と -4 であり, 2の平方根は $\sqrt{2}$ と $-\sqrt{2}$ である。

（3）$\sqrt{2}+\sqrt{3}$ は $\sqrt{2+3}$ ではない
　　$\sqrt{}$ の中の数が同じにできないときは, 1つにまとめて表せない。
　　$\sqrt{2}+\sqrt{3}$

　　$\sqrt{2}+\sqrt{2}=(1+1)\sqrt{2}=2\sqrt{2}$

（4）分母の有理化
　　$\dfrac{3}{\sqrt{2}}$ は分母, 分子に $\sqrt{2}$ をかけて
　　$\dfrac{3}{\sqrt{2}}×\dfrac{\sqrt{2}}{\sqrt{2}}=\dfrac{3\sqrt{2}}{(\sqrt{2})^2}=\dfrac{3\sqrt{2}}{2}$

＊（5）おきかえによる因数分解
　　$a(b-c)+d(b-c)$ は $b-c=A$ とおくと, $aA+dA=A(a+d)$, A を $b-c$ にもどすと, $(b-c)(a+d)$

<例 題 A>

次の問いに答えよ。
(1) $3\sqrt{2}$, $\sqrt{21}$, $2\sqrt{5}$, 4 を大きい順に不等号を用いて表せ。
(2) $3\sqrt{3}-\sqrt{48}+\dfrac{6}{\sqrt{3}}$ を計算せよ。

$a>0$, $b>0$ のとき, $a>b$ であれば $\sqrt{a}>\sqrt{b}$ である。
$\sqrt{a^2 b}=\sqrt{a^2}\sqrt{b}=a\sqrt{b}$ であるから, $\sqrt{48}=\sqrt{4^2\times 3}=\sqrt{4^2}\sqrt{3}=4\sqrt{3}$ である。

[解] (1) $3\sqrt{2}=\sqrt{3^2\times 2}=\sqrt{18}$, $2\sqrt{5}=\sqrt{2^2\times 5}=\sqrt{20}$, $4=\sqrt{16}$ であるから,
$\sqrt{21}>2\sqrt{5}>3\sqrt{2}>4$

(2) $\sqrt{48}=\sqrt{4^2\times 3}=4\sqrt{3}$, $\dfrac{6}{\sqrt{3}}=\dfrac{6\sqrt{3}}{(\sqrt{3})^2}=\dfrac{6\sqrt{3}}{3}=2\sqrt{3}$

∴ $3\sqrt{3}-4\sqrt{3}+2\sqrt{3}=\sqrt{3}$

<例 題 B>

(1) $(x+3)^2-(x-3)^2$ を計算せよ。
(2) $\sqrt{2}(\sqrt{2}-3)-(\sqrt{3}+\sqrt{2})(\sqrt{3}-\sqrt{2})$ を計算せよ。

(1) $x^2+6x+9-x^2-6x+9$ とする誤りが多い。$x^2+6x+9-(x^2-6x+9)$ としてかっこをはずすとよい。

[解] (1) 与式 $=x^2+6x+9-(x^2-6x+9)$
$=x^2+6x+9-x^2+6x-9=\mathbf{12x}$

(2) 与式 $=(\sqrt{2})^2-3\sqrt{2}-\{(\sqrt{3})^2-(\sqrt{2})^2\}$
$=2-3\sqrt{2}-(3-2)=2-3\sqrt{2}-1$
$=\mathbf{1-3\sqrt{2}}$

<例 題 C>

(1) $2x^2+4x-30$ を因数分解せよ。
*(2) $a^2-(b-c)^2$ を因数分解せよ。
*(3) $ac+ad-2bc-2bd$ を因数分解せよ。

まず, 共通因数に着目する。
(1) 共通因数は 2 である。
(3) ac, ad の共通因数は a,
$-2bc$, $-2bd$ の共通因数は $-2b$
である。

[解] (1) 与式 $=2(x^2+2x-15)=\mathbf{2(x+5)(x-3)}$

(2) $b-c=A$ とおくと,
与式 $=a^2-A^2=(a+A)(a-A)$,
A を $b-c$ にもどすと,
$\{a+(b-c)\}\{a-(b-c)\}$
$=\mathbf{(a+b-c)(a-b+c)}$

(3) 与式 $=a(c+d)-2b(c+d)$
$=\mathbf{(c+d)(a-2b)}$

第32日

実力養成テスト ── 平方根・多項式の乗法, 除法・因数分解

1 次の問いに答えなさい。 (各3点)
 (1) 4つの数 $\dfrac{3}{5}$, $\sqrt{\dfrac{3}{5}}$, $\dfrac{\sqrt{3}}{5}$, $\dfrac{3}{\sqrt{5}}$ の中で, 最も小さい数はどれか。
 (2) $\sqrt{2}=1.41$ として, $\sqrt{50}$ の値を求めよ。
 (3) $\sqrt{4.5}=2.121$, $\sqrt{45}=6.708$ のどちらかを使って, $\sqrt{450}$ の値を求めよ。

2 72 を素因数に分解しなさい。72 になるべく小さい整数をかけて整数の2乗にしたい。かける数を求めなさい。 (各2点)

3 次の問いに答えなさい。 (各2点)
 (1) $\sqrt{120 \times n}$ は n がどんな数のときに, もっとも小さい整数になりますか。ただし, n は正の整数とする。
 (2) n が整数のとき, $\sqrt{\dfrac{540}{n}}$ をできるだけ大きい整数にするには, n をいくらにすればよいのですか。

4 次の計算をしなさい。 (各3点)
 (1) $6\sqrt{2}-\sqrt{50}+\sqrt{18}$
 (2) $\sqrt{18} \div \sqrt{2} \times \sqrt{3}$
 (3) $(\sqrt{3}-\sqrt{2})^2+\sqrt{24}$
 (4) $(\sqrt{2}-1)^2-\sqrt{2}(1-\sqrt{8})$
 (5) $\dfrac{3}{\sqrt{3}}-\sqrt{3}$
 (6) $5\sqrt{24}-\dfrac{24}{\sqrt{6}}$

5 次の式の値を求めなさい。 (各3点)
 (1) $x=1-\sqrt{3}$ のとき, x^2-2x の値
 (2) $x=\sqrt{2}+1$, $y=\sqrt{2}-1$ のとき, x^2+y^2 の値
 (3) $x=\dfrac{3+\sqrt{2}}{2}$, $y=\dfrac{3-\sqrt{2}}{2}$ のとき, x^2+y^2-xy の値

6 次の計算をしなさい。 (各3点)
 (1) $a(2a+3b)$
 (2) $-3xy(2x-3y)$
 (3) $(2ab+3ac) \div a$
 (4) $(-9x^2y+6xy^2) \div (-3xy)$
 (5) $(2x-3)^2$
 (6) $\left(x+\dfrac{1}{2}\right)^2$
 (7) $(a+1)^2-(a-1)^2$
 (8) $(x+3)(x-3)-2(x-7)$
 (9) $(x+3)(x+1)-4(x+3)$
 (10) $(a+2b)^2-(a+b)(a-b)$

7 次の問いに答えなさい。 (各3点)
 (1) $(x+6y)(x-2y)$ を展開し, 同類項をまとめたとき, xy の係数はいくらか。

(2) $A=2x+y$, $B=3x-4y$ とするとき，$Ax-B^2$ を x, y を用いた式で表せ．

8 次の式を因数分解しなさい． (各2点)
(1) $x^2-4x-12$
(2) $9a^2-4b^2c^2$
(3) $2x^2+10x-12$
(4) $2ab^2-50a$
＊(5) $x^2-4+3(x+2)$
＊(6) $xy+x-y-1$
＊(7) $x^2-y^2+2yz-z^2$

9 次の問いに答えなさい． (各3点)
(1) 差が2である2つの整数の積に1を加えると，平方数になる．1つの整数を n として，これを証明せよ．
(2) 2つの正の数 a, b の間に，$a^2-b^2=a+b$ という関係が成り立つとき，a は b よりいくら大きいか．

強化問題

(1) 3つの数 $\sqrt{3}$, $\sqrt{3}-2$, $\dfrac{2}{\sqrt{3}}$ の大小の関係を不等号を用いて表せ．

(2) 次の計算をしなさい．
① $2\sqrt{3}+\sqrt{12}-\sqrt{27}$
② $-3\sqrt{2}+\sqrt{18}-2\sqrt{72}$
③ $\sqrt{3}(\sqrt{3}-2)$
④ $\dfrac{\sqrt{24}-\sqrt{54}}{\sqrt{6}}$
⑤ $(\sqrt{5}-3)^2$
⑥ $(\sqrt{2}-\sqrt{6})(\sqrt{2}+\sqrt{6})$
⑦ $\dfrac{2}{\sqrt{2}}+\dfrac{\sqrt{6}}{\sqrt{3}}$

(3) 次の問いに答えなさい．
① $x=\sqrt{6}$ のとき，$(x-1)(x+1)$ の値を求めなさい．
② $x=1+\sqrt{3}$ のとき，x^2-2x+4 の値を求めなさい．
③ $x=\sqrt{3}+2$, $y=\sqrt{3}-2$ のとき，$(x+y)^2-xy$ の値を求めなさい．

(4) 次の計算をしなさい．
① $2ab(a^2-ab)$
② $(10a^3b^2-15a^2b^3)\div 5a^2b^2$
③ $(x-2)(x+3)-x^2$
④ $(a+6)^2-12a$
⑤ $(-2a)^2-4(a+1)(a-1)$
⑥ $(2x+1)(2x-1)-(4x-1)(x+1)$
⑦ $3(x-1)^2-(3x-1)(x-3)$

(5) 次の式を因数分解しなさい．
① $a^2+10a+21$
② $x^2-14x+49$
③ $-4x^2+9y^2$
④ $3a^2+3a-36$
＊⑤ $(a-b)^2+2(a-b)$
＊⑥ $(a+b)^2-(c-d)^2$
＊⑦ $a-1+2y-2ay$

時間	50分	得点		基準	A…82点以上　B…81点〜61点　C…60点以下

第33日 一元二次方程式

要点学習

1. **一元二次方程式** （xについての二次式）$=0$ の形に変形できる方程式を x についての二次方程式という。
   x についての二次方程式の一般の形は
   $$ax^2+bx+c=0 \quad (a, b, c \text{は定数}, a \neq 0)$$

2. **一元二次方程式の解き方**
   - ○ $x^2=a \ (a \geq 0)$
     $x=\pm\sqrt{a}$
   - ○ $(x+a)^2=b \ (b \geq 0)$
     $x=-a\pm\sqrt{b}$

*3. **解の公式**
   - ○ $x^2+px+q=0$
     $$x=\frac{-p\pm\sqrt{p^2-4q}}{2}$$
   - ○ $ax^2+bx+c=0$
     $$x=\frac{-b\pm\sqrt{b^2-4ac}}{2a}$$

4. **因数分解による解き方** $(x+a)(x-b)=0$
   $x+a=0$ または $x-b=0$
   ∴ $x=-a$ または $x=b$

● これだけは再確認しよう ●

(1) $ax^2+bx+c=0$ の解の公式
 （xの二次式）$=0$ に変形してから使う。
 $2x^2=3x+1$ は $2x^2-3x-1=0$ を解く。
 $$x=\frac{3\pm\sqrt{9+8}}{4}=\frac{3\pm\sqrt{17}}{4}$$

(2) $ax^2+bx+c=0$ で, b が 2 の倍数
 $x^2+4x+1=0$ の解は
 $x=\dfrac{-4\pm\sqrt{12}}{2}$ でなく $x=-2\pm\sqrt{3}$
 約分を忘れない。

*(3) 二次方程式の解の数
 $ax^2+bx+c=0$ の解は
 $x=\dfrac{-b\pm\sqrt{b^2-4ac}}{2a}$ で
 $b^2-4ac>0$ のとき 2つ
 $b^2-4ac=0$ のとき 1つ
 $b^2-4ac<0$ のとき 解はない。

(4) $(x+3)(x-4)=8$ の解
 かっこをはずし $x^2-x-12=8$
 $x^2-x-20=0$, $(x+4)(x-5)=0$
 から $x=-4$ または $x=5$ である。

(5) 解の公式か因数分解か
 $x^2+3x+1=0$
 のように, 因数分解できない場合は, 解の公式で解く。

(6) 応用問題と方程式の解
 「2乗して 64 になる正の数を求めよ。」という問題で, 求める正の数を x として
 $x^2=64 \quad x=\pm\sqrt{64} \quad x=\pm 8$
 から, 8 と -8 を答えとしてはいけない。
 求めているのは正の数であるから, 方程式の解のうち, -8 は問題の意味に合わない。答は 8 である。

<例題 A>

次の問いに答えなさい。
(1) $x(x-2)=48$ を解け。
*(2) $3x^2-x-1=x^2+2x$ を解け。
(3) $x^2+(3a-1)x-a^2=0$ の1つの解が1であるとき，もう1つの解を求めよ。

(1) $x^2+px+q=0$ に変形する。
(2) $ax^2+bx+c=0$ に変形する。
(3) $x=1$ を代入して，a についての方程式をつくり，a の値を求める。

解 (1) $x^2-2x=48$
$x^2-2x-48=0$
$(x+6)(x-8)=0$
$x+6=0, \ x-8=0$ ∴ $x=-6, \ x=8$

(2) $3x^2-x^2-x-2x-1=0$
$2x^2-3x-1=0$
$x=\dfrac{-(-3)\pm\sqrt{(-3)^2-4\times2\times(-1)}}{2\times2}$
$=\dfrac{3\pm\sqrt{17}}{4}$

(3) $x^2+(3a-1)x-a^2=0$ に $x=1$ を代入すると
$1+3a-1-a^2=0, \ a^2-3a=0, \ a(a-3)=0$ ∴ $a=0, \ a=3$
$a=0$ のとき $x^2-x=0$ から $x=0, \ x=1$
$a=3$ のとき $x^2+8x-9=0$ から $x=-9, \ x=1$ **答** $x=0, \ x=-9$

<例題 B>

長さ13cmの線分 AB 上に点 C がある。AC，CB をそれぞれ1辺とする2つの正方形の面積の和は，隣り合う2辺の長さが線分 AC，CB と等しい長方形の面積よりも 49 cm² だけ大きい。AC の長さを求めなさい。ただし，AC>CB とする。

$x^2+(13-x)^2$ が $x(13-x)$ より 49 大きいことから，方程式をつくる。
AC>CB であることを忘れない。5 cm は問題の意味に適さない。

解 AC の長さを x cm とすると，
正方形の面積は
x^2 cm²，$(13-x)^2$ cm²
長方形の面積は
$x(13-x)$ cm²
ゆえに
$x^2+(13-x)^2=x(13-x)+49$
$3x^2-39x+120=0, \ x^2-13x+40=0$
$(x-8)(x-5)=0$ ∴ $x=8, \ x=5$ **答** **8 cm**

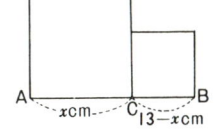

第34日

実力養成テスト──一元二次方程式

1 次の方程式を解きなさい。　　　　　　　　　　　　　　　　　（各5点）
(1) $x^2+6x+5=0$
(2) $x^2+x-30=0$
*(3) $x^2+5x+1=0$
(4) $x^2-4x-2=0$

2 次の方程式を解きなさい。　　　　　　　　　　　　　　　　　（各5点）
(1) $2x^2+3x=x^2+10$
(2) $x(x-1)=12$
(3) $(x-3)(x+4)=5x$
(4) $x^2+3(x-6)=7x-6$

***3** 次の方程式を解きなさい。　　　　　　　　　　　　　　　　　（各5点）
(1) $2x^2-3x+1=0$
(2) $3x^2+4x-1=0$

4 次の問いに答えなさい。　　　　　　　　　　　　　　　　　　（各5点）
(1) 二次方程式 $x^2-ax+a^2-7=0$ をみたす x の1つの解が2となるとき，a の値を求めなさい。
(2) 二次方程式 $x^2-x-6=0$ を解いたとき，その大きい方の解が $x^2-3x+a=0$ の1つの解であるとすれば，a の値はいくらですか。

5 次の問いに答えなさい。　　　　　　　　　　　　　　　　　　（各5点）
(1) 連続した2つの正の整数がある。大きい数の2乗と小さい数との和が，小さい数の2倍と57との和に等しくなるとき，連続した2つの正の整数を求めなさい。
(2) ある数を3倍して2乗する計算で，計算する順序をまちがえて，2乗して3倍したため75になった。この計算を順序正しくしたときの答を求めなさい。

6 右の図のように，直角に交差している道路がある。兄の一郎は，歩道 OA を通って中学校へ，弟の次郎は，歩道 OB を通って小学校へ通学している。
　ある朝，一郎は次郎が O 地点から毎秒1mの速さで歩き出し，10秒後に横断歩道を渡り終わったのを確かめると，すぐに，O 地点から毎秒3mの速さで走り出した。このとき，次の□の中にあてはまる式，または数を書きなさい。　　　　　　　　　　　　　（各2点）
(1) 一郎が走り出してから，x 秒後の2人のいる地点を，x を用いて表すと，一郎は O 地点からア□m，次郎は O 地点からイ□m 離れた地点にいるこ

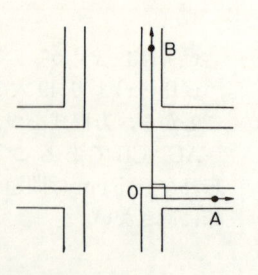

とになる。

(2) 一郎が走り出してから，x 秒後に2人のいる地点の距離が30 m になるとして，x についての二次方程式をつくればア□となる。
これを解くと，$x=$ イ□，ウ□ となる。
この場合，x は正の値だから，2人のいる地点の距離が30 m になるのは，一郎がO地点からエ□m離れたときである。

7 右の図のように，1辺の長さが20 cm の正方形がある。その正方形の中の1点を通って，各辺に平行な直線をひき，2つの正方形F，Gをつくったとき，それらの正方形F，Gの面積の和が232 cm² になったという。正方形F，Gのうち，小さい方の正方形の1辺の長さを求めなさい。　（8点）

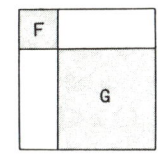

8 地表から速度40 m/秒で真上に投げ上げた物体の t 秒後の地表からの高さ h m は，$h=40t-5t^2$ で表されるという。次の問いに答えなさい。　（各5点）
(1) 投げ上げた物体の1秒後から2秒後までの平均の速度を求めなさい。
(2) 物体を投げ上げてから，ふたたび地表に落ちてくるまで何秒かかりますか。

強化問題

（1） 次の方程式を解きなさい。
　① $x^2-10x+16=0$
＊② $x^2+5x-1=0$
＊③ $3x^2-2x-3=0$
　④ $(x-5)(x+3)=9$
　⑤ $(x+6)(3x-1)=4(2x-3)$

（2） x についての二次方程式 $x^2-2x+a=0$ の解の1つが4であるとき，次の問いに答えなさい。
　① a の値を求めなさい。
　② 他の解を求めなさい。

（3） 横の長さが縦の長さの2倍である長方形がある。いま，その縦，横の長さをそれぞれ4 cm ずつ長くした長方形を作ったら，その面積が70 cm² になった。もとの長方形の縦の長さを求めなさい。

（4） ある正の数を2乗して1を加えた値を求めるところを，誤って2倍して1を加えたので，求める値より35小さくなった。
　① ある正の数を x として，次の□にあてはまる式を書き，方程式を完成しなさい。
　　$x^2+1=$ □
　② ①でつくった方程式を解いて，ある正の数を2乗して1を加えた値を求めなさい。

| 時間 | 60分 | 得点 | | 基準 | A…80点以上　B…79点〜50点　C…49点以下 |

第35日　関数 $y=ax^2$

要点学習

1. **関数 $y=ax^2$ の値の変化**
   - $a>0$ のとき…$x<0$ の変域では x の値が増加すると y の値は減少し，$x>0$ の変域では x の値が増加すると y の値も増加する。
   - $a<0$ のとき…$x<0$ の変域では x の値が増加すると y の値も増加し，$x>0$ の変域では x の値が増加すると y の値は減少する。

2. **$y=ax^2$ のグラフ**
   - 原点を頂点とし，y 軸について対称な放物線
   - $a>0$ のとき…上に開く。
     $a<0$ のとき…下に開く。

3. **変化の割合**

   $y=ax^2$ では，変化の割合 $=\dfrac{y の増加量}{x の増加量}$ は一定でない。

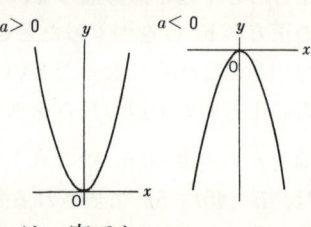

● これだけは再確認しよう ●

（1）**$y=ax^2$ の値の変化**
　$y=2x^2$，$y=3x^2$ のように $a>0$ のとき，y の値は 0 か正の数である。
　$y=-2x^2$，$y=-3x^2$ のように $a<0$ のとき，y の値は 0 か負の数である。

（2）**$y=ax^2$ のグラフの向き**
　$y=2x^2$，$y=3x^2$ のように $a>0$ のとき，グラフは上に開いた放物線である。
　$y=-2x^2$，$y=-3x^2$ のように $a<0$ のとき，グラフは下に開いた放物線である。

（3）**$y=ax^2$ と $y=bx+c$ のグラフの交点**
　x 座標は，方程式 $ax^2=bx+c$ の解
　y 座標は，x 座標を $y=ax^2$ か $y=bx+c$ に代入して求める。
　$y=x^2$ と $y=3x+10$ のグラフの交点の座標は，$x^2=3x+10$，$x^2-3x-10=0$ を解いて　$x=5$，$x=-2$
　この値を $y=x^2$ に代入して
$y=5^2=25$，　$y=(-2)^2=4$
交点の座標は　$(5, 25)$，$(-2, 4)$

（4）**変化の割合は一定ではない。**
　$y=x^2$ で，x の値が 1 から 2 に増すとき
$$\dfrac{2^2-1^2}{2-1}=\dfrac{4-1}{1}=3$$
x の値が 2 から 3 に増すとき
$$\dfrac{3^2-2^2}{3-2}=\dfrac{9-4}{1}=5$$

（5）**$y=ax^2$ のグラフの開き**
　a の絶対値の大きいほど，グラフの開きは小さい。
　$y=x^2$，$y=2x^2$，$y=3x^2$ のグラフでは，3, 2, 1 の順に絶対値が大きいので，グラフは $y=3x^2$，$y=2x^2$，$y=x^2$ の順に開きは小さい。
　$y=-x^2$，$y=-2x^2$，$y=-3x^2$ のグラフでは，-3, -2, -1 の順に絶対値が大きいので，グラフは
$y=-3x^2$，$y=-2x^2$，$y=-x^2$
の順に開きは小さい。

<例題 A>

次の問いに答えよ。
(1) 関数 $y=-2x^2$ で x の値が1から3に増加するとき，変化の割合を求めよ。
(2) 関数 $y=ax^2$ で，x の値が3から5まで増加するときの変化の割合が6であるとき，a の値はいくらか。

(1) $x=3$ のときの y の値から，$x=1$ のときの y の値をひき，3−1=2 でわる。
(2) $\dfrac{a\times 5^2 - a\times 3^2}{5-3}$ が6になる a の値を求める。

解 (1) $x=1$ のとき，$y=-2\times 1^2 = -2$
$x=3$ のとき，$y=-2\times 3^2 = -18$
変化の割合は $\dfrac{-18-(-2)}{3-1} = \dfrac{-16}{2} = -8$

(2) $x=3$ のとき，$y=a\times 3^2 = 9a$
$x=5$ のとき，$y=a\times 5^2 = 25a$
変化の割合が6であるから
$\dfrac{25a-9a}{5-3}=6$, $8a=6$ ∴ $a=\dfrac{6}{8}=\dfrac{3}{4}$

<例題 B>

右の図は，2つの関数 $y=x^2$ と $y=-x+6$ のグラフの交点をA，Bとしたものである。次の問いに答えよ。
(1) 点Aの座標を求めよ。
(2) 点Bから x 軸に垂線 BH をひく。△BOH の面積を求めよ。
(3) $y=-x+6$ のグラフより下，$y=x^2$ のグラフより上の平面で，x, y 座標がともに自然数である点をすべて求めよ。

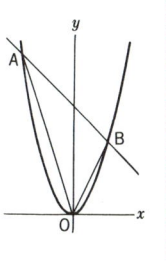

(1) y 座標は $y=-x+6$ に代入してもよい。
(2) 点Bの y 座標は $x=2$ を $y=-x+6$ に代入して，$y=-2+6=4$ でもよい。
(3) B(2, 4) であるから，x が1のときだけ考えればよい。

解 (1) 方程式 $x^2=-x+6$, $x^2+x-6=0$ を解くと，
$x=-3$, $x=2$, $y=(-3)^2=9$
ゆえに，**A(−3, 9)**

(2) (1)から点Bの x 座標は2であるから，y 座標は $2^2=4$, OH=2, BH=4, △BOH の面積は
$\dfrac{1}{2}\times 2\times 4 = 4$

(3) $-x+6 > y > x^2$ に $x=1$ を代入すると，
$5 > y > 1$
ゆえに， **(1, 2), (1, 3), (1, 4)**

第36日

実力養成テスト──関数 $y=ax^2$

1 関数 $y=-\dfrac{1}{2}x^2$ について，次の問いに答えなさい。　　　　　　　（各5点）

(1) x の変域が $-4\leqq x\leqq 2$ のときの y の変域を求めなさい。

(2) x の値が2から4まで増加するときの変化の割合を求めなさい。

2 関数 $y=x^2$ について，x の値が a から $a+2$ まで増加するとき，次の問いに答えなさい。　　　　　　　　　　　　　　　　　　　　　　　　　　（各6点）

(1) x の増加量と y の増加量を求めなさい。

(2) 変化の割合が5となるとき，a の値を求めなさい。

3 右の図は，AB=6 cm，BC=12 cm の長方形 ABCD である。いま，2点P，QがAを出発点として，Pは毎秒3 cm の速さで，辺 AB，BC 上に図に示した矢印の向きに，Bを経てCまで動き，Qは毎秒2 cm の速さで，辺 AD 上を図に示した矢印の向きにDまで動くものとする。

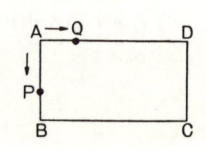

　P，Qが頂点Aを同時に出発してから x 秒後（ただし，$0<x\leqq 6$）の△APQの面積を y cm² として，次の問いに答えなさい。　　　　　　　　（各6点）

(1) Pが頂点Bと重なるのは，x の値がいくらのときですか。

(2) Pが辺 AB 上を動くとき，y を x の式で表しなさい。

(3) Pが辺 BC 上を動くとき，y を x の式で表しなさい。

(4) x が0.5から1まで変わるときの y の平均の変化の割合を求めなさい。

4 右の図の曲線は関数 $y=x^2$ のグラフであり，A，Bはその曲線上の点で，それらの x 座標はそれぞれ -2，4である。また，点Pは曲線上を点Aから点Bまで動く点である。次の問いに答えなさい。　　　　　　　　　　　　　　　　　　（各6点）

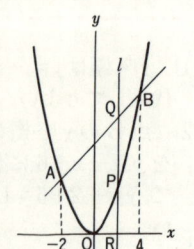

(1) 点Pの y 座標がとる値の範囲を求めなさい。

(2) 直線 AB の式を求めなさい。

(3) 右の図のように，点Pを通り y 軸に平行な直線 l と直線 AB，x 軸との交点をそれぞれQ，Rとする。

　① Pの x 座標を a とするとき，Pの座標を求めなさい。

　② PQ=PR となるような点Pの x 座標を求めなさい。

5 高いところから物を落とすとき，落ちはじめてから t 秒間に落ちる距離を s m とすると，s は t の2乗に比例し，$t=1$ のとき $s=4.9$ である。　　　（各6点）

(1) s と t の関係を式で表しなさい。
(2) 落ちはじめて3秒後から5秒後までの間の平均の速さはいくらですか。

6 右の図の直線 AB は，切片が 24 で，放物線 $y=ax^2$ と 2 点 A と B(2, 8) で交わるものとする。また，点 P は直線 AB 上を動く点で，その x 座標を t とする。　　　　（各6点） 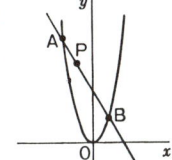
(1) $y=ax^2$ の a の値を求めなさい。
(2) 点 A の座標を求めなさい。
(3) $t<0$ のとき，△OPB の面積（S cm²）を t で表しなさい。
    （座標軸の単位の長さは 1 cm とする。）

強化問題

（1） 右の図のように，関数 $y=\dfrac{1}{3}x^2$ のグラフ上に 2 点 A，B があり，その x 座標は 3，6 である。2 点 A，B を通る直線の式を求めなさい。

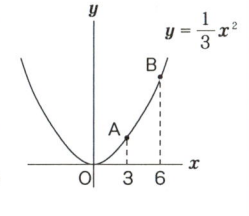

（2） 右の図のように，直線 $y=8$ が 2 つの関数 $y=2x^2$，$y=ax^2$（$a>0$）のグラフと交わる 4 点のうち，x 座標が正である 2 点をそれぞれ B，C とする。また，直線 $y=8$ が y 軸と交わる点を A とする。
① 点 B の座標を求めなさい。 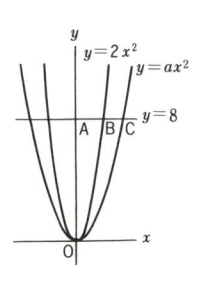
② AB＝BC であるとき，a の値を求めなさい。

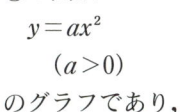

（3） 右の図において，①は関数 $y=ax^2$（$a>0$）のグラフであり，②は，関数 $y=-\dfrac{1}{2}x^2$ のグラフである。 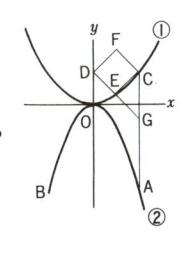
2 点 A，B は放物線②上にあり，点 A の x 座標は 4 で，点 B の y 座標は点 A の y 座標と等しい。
① 点 B の座標を求めなさい。
② 点 A を通り y 軸に平行な直線と放物線①との交点を C とし，y 軸上に y 座標が点 C と等しい点 D をとる。図のように，四角形 DECF が正方形になるように 2 点 E，F をとり，DE の延長と AC との交点を G とする。
点 E が放物線の上にあるとき，AG は GC の何倍ですか。

時間	50分	得点		基準	A…82点以上　B…81点〜52点　C…51点以下

第37日 $y=ax^2$ のグラフと図形

要点学習

1. **線分の中点の座標** 2点 $P(a, b)$, $Q(c, d)$ とするとき，線分PQの中点の座標は，$\left(\dfrac{a+c}{2}, \dfrac{b+d}{2}\right)$ である。

2. **$y=ax^2$ のグラフと三角形**
 $y=ax^2$ のグラフ上の点をA，Bとし，ABとy軸との交点をCとすると，
 △AOB＝△AOC＋△COB
 △ABCの辺BCの中点をMとすると，△ABM＝△ACM

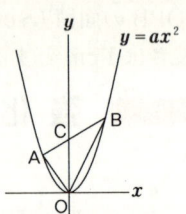

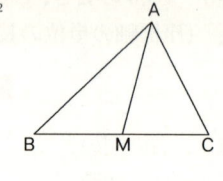

3. **$y=ax^2$ のグラフと四角形**
 $y=ax^2$ のグラフとx軸に平行な直線との交点をA，Bとし，A，Bからx軸にひいた垂線をそれぞれ AC，BD とする。四角形ACDBは長方形である。
 CD＝BD であるとき，四角形ACDBは正方形である。
 $y=ax^2$ のグラフはy軸について対象であるから，CO＝OD，AC＝BD である。

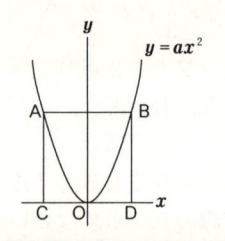

● これだけは再確認しよう ●

（1） **線分の中点の座標**
 A(3, 4)，B(5, −2) のとき，線分 AB の中点の座標は，
 $\left(\dfrac{3+5}{2}, \dfrac{4-2}{2}\right) \to (4, 1)$ である。

（2） **$y=ax^2$ のグラフと三角形**
 A，Bからx軸に垂線AC，BDをひく。
 △AOB
 ＝台形ACDB
 −(△ACO＋△BDO)
 という方法もある。

（3） **$y=ax^2$ のグラフと正方形**
 CD＝BD
 であれば，
 四角形 ACDB
 は正方形
 BD＝2OD
 であれば，
 四角形 ACDB
 は正方形
 $D(x_1, 0)$ のとき，$B(x_1, x_1^2)$ であるから，$2x_1 = x_1^2$ のとき，四角形 ACDB は正方形である。

<例題 A>

右の図で，$y=x^2$ と $y=x+6$ のグラフの交点をA，Bとする。
(1) 点Aの座標を求めよ。
(2) △AOB の面積を求めよ。

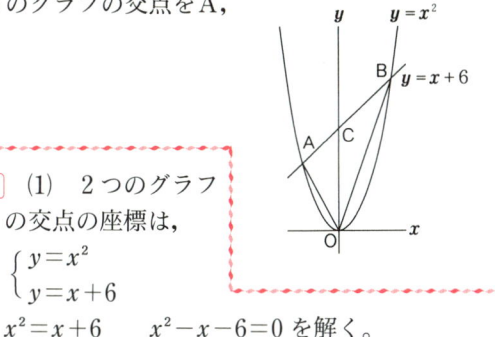

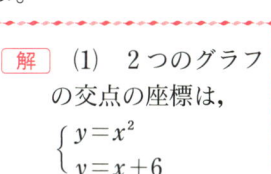

[解] (1) 2つのグラフの交点の座標は，
$\begin{cases} y=x^2 \\ y=x+6 \end{cases}$
$x^2=x+6$　　$x^2-x-6=0$ を解く。
$(x+2)(x-3)=0$, $x=-2$, $x=3$
$y=-2+6=4$　　　　　　[答] $A(-2, 4)$

(2) $y=x+6$ のグラフと y 軸との交点をCとすると，$C(0, 6)$
(1)から，$A(-2, 4)$，$B(3, 9)$
$\triangle AOB = \triangle AOC + \triangle COB$
$= \dfrac{1}{2} \times 6 \times 2 + \dfrac{1}{2} \times 6 \times 3 = 6+9 = 15$

[答] 15

Bの座標は，$x=3$，$y=3+6=9$ から $B(3, 9)$
A，Bから x 軸に垂線 AD，BEをひくと，
　△AOB
　=台形 ADEB
　　$-(\triangle AOD + \triangle BOE)$
$= \dfrac{(4+9) \times 5}{2}$
　$- \left(\dfrac{4 \times 2}{2} + \dfrac{9 \times 3}{2} \right)$
$= \dfrac{65}{2} - \dfrac{35}{2} = \dfrac{30}{2} = 15$

<例題 B>

右の図は，$y=\dfrac{1}{2}x^2$ のグラフである。
(1) x 軸と平行な直線とグラフとの交点をA，Bとし，A，Bから x 軸に垂線 AC，BD をひく。$D(2, 0)$ のとき，四角形 ACDB の面積を求めよ。
(2) x 軸と平行な直線とグラフとの交点をE，Fとし，E，Fから x 軸に垂線 EG，FHをひく。四角形 EGHF が正方形になるときのHの座標を求めよ。

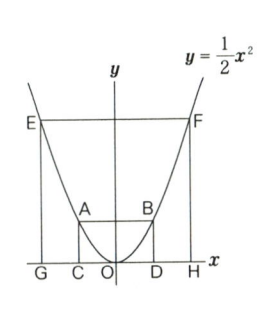

[解] (1) $D(2, 0)$ から $CD=4$，$BD=2$
　よって，面積は $4 \times 2 = 8$　　[答] 8
(2) $FH=GH$ になるときで，
$\dfrac{1}{2}x^2 = 2x$, $x^2-4x=0$, $x=0$, $x=4$

[答] $H(4, 0)$

正方形になるのは，$FH=GH$，$FH=2OH$ になるときで $\dfrac{1}{2}x^2=2x$

第38日

実力養成テスト ── $y=ax^2$ のグラフと図形

1 右の図で，$y=x^2$ と $y=x+6$ のグラフの交点をA，Bとする。次の問いに答えなさい。　　　　　　　　　（各9点） 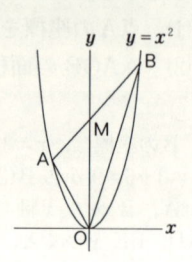
(1) 線分 OB の中点Mの座標を求めなさい。
(2) 点Aを通り，△OAB の面積を2等分する直線の式を求めなさい。

2 右の図で，曲線は $y=x^2$ のグラフであり，グラフ上に，x 座標が -1 である点Aをとる。点Aを通る傾き1の直線と曲線との交点をBとし，直線上に，x 座標が正である点Pをとる。
　△OAB と △OBP の面積が等しいとき，点Pの座標を求めなさい。　　　　　　　　　　　　　　　（10点）

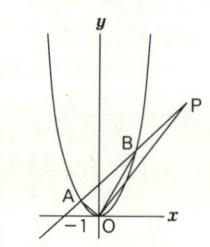

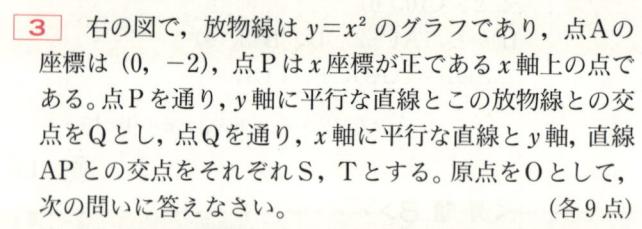

3 右の図で，放物線は $y=x^2$ のグラフであり，点Aの座標は $(0, -2)$，点Pは x 座標が正である x 軸上の点である。点Pを通り，y 軸に平行な直線とこの放物線との交点をQとし，点Qを通り，x 軸に平行な直線と y 軸，直線 AP との交点をそれぞれ S，T とする。原点をOとして，次の問いに答えなさい。　　　　　　　　　　（各9点）
(1) 点Pの x 座標が1のとき，直線 AP の式を求めなさい。 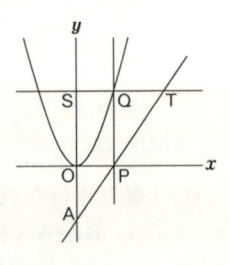
(2) 四角形 OAPQ が平行四辺形になるとき，点Pの x 座標を求めなさい。
(3) 四角形 OPQS の面積と △PQT の面積が等しくなるとき，点Tの座標を求めなさい。

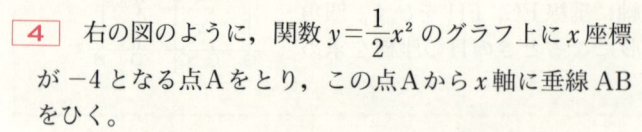

4 右の図のように，関数 $y=\dfrac{1}{2}x^2$ のグラフ上に x 座標が -4 となる点Aをとり，この点Aから x 軸に垂線 AB をひく。
　点Pはこのグラフ上にあり，$x>0$ の範囲を動く。このとき，次の問いに答えなさい。ただし，座標軸の単位の長さを1cmとする。　　　　　　　　　　　　　（各9点） 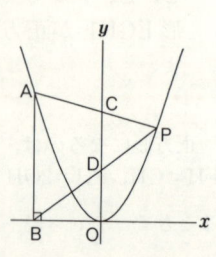
(1) y 軸と線分 AP，BP との交点をそれぞれ C，D とする。線分 CD の長さが2cmとなるとき，点Pの座標を求めなさい。
(2) △ABP の面積が 24 cm² となるとき，直線 AP の式を求めなさい。

5 右の図で，直線①は $y=x+2$ のグラフであり，曲線②は $y=ax^2$ のグラフである。

点Aは直線①と曲線②の交点で，その x 座標は 3 である。点Bは曲線②上の点で，線分 AB は x 軸と平行である。

また，点Cは直線①上の点で，線分 BC は y 軸と平行である。原点をOとするとき，次の問いに答えなさい。
(各9点)

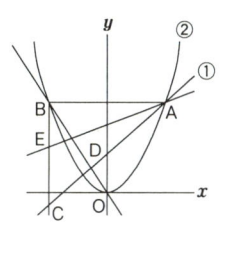

(1) 曲線②の式 $y=ax^2$ の a の値を求めなさい。
(2) 直線①と直線 OB との交点Dの座標を求めなさい。
(3) 線分 BC 上に点Eをとり，三角形 ABE と三角形 ACE の面積が等しくなるようにする。このとき，直線 AE の式を $y=mx+n$ として，m，n の値を求めなさい。

強化問題

(1) 右の図で，①は関数 $y=ax^2 (a>0)$ のグラフであり，②は関数 $y=x+2$ のグラフである。

①と②の交点の1つをAとし，②と x 軸との交点をBとする。また，点Aから x 軸に垂線をひき，その交点をCとする。点Cの x 座標は 2 である。

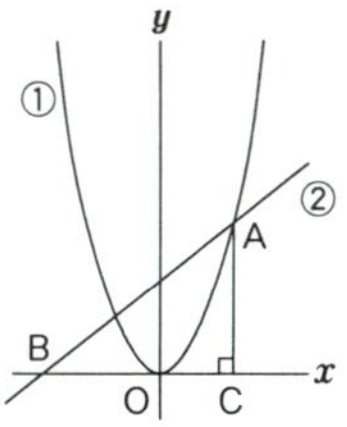

① 点Aの座標を求めなさい。
② a の値を求めなさい。
③ 点Bを通り，△ABC の面積を2等分する直線の式を求めなさい。

(2) 右の図のように，関数 $y=ax^2$ (a は定数) のグラフ上に4つの点A，B，C，Dがあり，線分 AD と線分 BC は x 軸に平行である。点Aは x 座標が 2 の点であり，点Bは y 座標が点Aの y 座標より 8 だけ大きい点である。また，台形 ABCD の面積は 64 である。このとき次の問いに答えなさい。

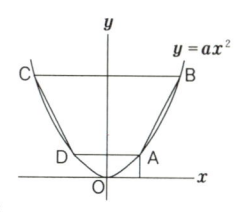

① 点Bの x 座標を求めなさい。
② a の値を求めなさい。
③ 台形 ABCD が y 軸を軸として1回転してできる立体の体積を求めなさい。
ただし，円周率は π とする。

時間	50分	得点		基準	A…72点以上　B…71点〜54点　C…53点以下

第39日 相似・平行線と比例

要点学習

1. **相似な図形の性質**　○ 対応する線の長さの比は一定である。(相似比)
   ○ 対応する角の大きさは等しい。
2. **三角形の相似条件**　2つの三角形は次のおのおのの場合に相似である。
   ○ 3組の辺の長さの比が等しい。
   ○ 2組の辺の長さの比とその間の角の大きさがそれぞれ等しい。
   ○ 2組の角の大きさがそれぞれ等しい。
3. **三角形と比例**　○ 三角形の1辺に平行な直線は,他の2辺を等しい比に内分または外分する。
   ○ 三角形の2辺を等しい比に内分または外分する直線は,残りの辺に平行である。
   ○ 三角形の1辺の中点を通り,他の1辺に平行な直線は残りの辺の中点を通る。
   ○ 三角形の2辺の中点を結ぶ線分は残りの辺に平行で,長さはその半分に等しい。

● これだけは再確認しよう ●

(1) **相似の記号は∽**
　　△ABC と △DEF が相似であるとき, △ABC∽△DEF で表す。
(2) **三角形の相似条件**
　○ 2組の辺の比と1角がそれぞれ等しいとき, 2つの三角形は相似とはかぎらない。
　○ 2組の角が等しければ, 3組目の角を調べなくてよい。
(3) **相似形の周の長さの比**
　　相似形の周の長さの比は相似比に等しい。
(4) **平行線と線分の比**
　　右の図で,
　　$l \mathbin{/\mkern-5mu/} m \mathbin{/\mkern-5mu/} n$ のとき

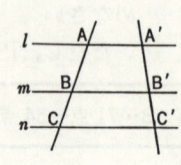

$$\frac{AB}{A'B'} = \frac{BC}{B'C'}$$

(5) **中点連結定理**
　　△ABCで, AB, ACの中点をそれぞれM, Nとするとき
　　MN∥BC　　$MN = \frac{1}{2}BC$
である。
　　また, △ABCで, ABの中点Mを通り, BCに平行な直線は, ACの中点Nを通る。
(6) **三角形と比例**
　　△ABCで,
　　DE∥BCのとき
　　$$\frac{AD}{DB} = \frac{AE}{EC}$$

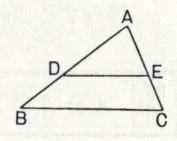

<例 題 A>

右の図で，△ABC と △ADE とは，頂点 A を共有し，相似である。
　△ABD∽△ACE であることを証明せよ。

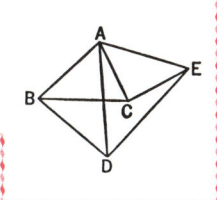

△ABC∽△ADE であるから
$$\frac{AB}{AD}=\frac{BC}{DE}=\frac{CA}{EA}$$
∠BAC=∠DAE
∠ABC=∠ADE
∠ACB=∠AED
である。

解　△ABC∽△ADE であるから，
∠BAC=∠DAE
$$\frac{AB}{AD}=\frac{AC}{AE} \quad ∴ \quad \frac{AB}{AC}=\frac{AD}{AE} \cdots\cdots ①$$
∠BAD=∠BAC−∠DAC，
∠CAE=∠DAE−∠DAC
　　∴　∠BAD=∠CAE……②
①，②から2組の辺の比とその間の角がそれぞれ等しい。
　　　　∴　△ABD∽△ACE

<例 題 B>

右の図で，DE∥BC，DF∥BE であるとき，AE：EC=AF：FE であることを証明せよ。

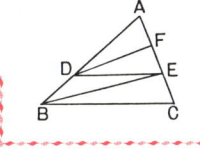

△ABC で，DE∥BC
△ABE で，DF∥BE
である。

解　DE∥BC
　∴　AD：DB=AE：EC
DF∥BE
　∴　AD：DB=AF：FE
　∴　AE：EC=AF：FE

<例 題 C>

右の図の台形 ABCD（AD∥BC）で，対角線 BD，AC の中点をそれぞれ E，F とするとき，線分 EF の長さを求めよ。

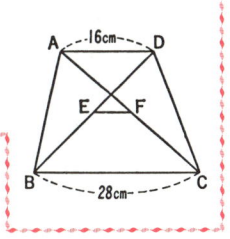

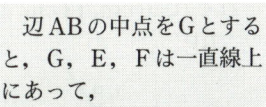

辺 AB の中点を G とすると，G，E，F は一直線上にあって，
EF=GF−GE である。
△ABD，△ABC について中点連結定理を考える。

解　辺 AB の中点を G とすると，
$$GF=28\,cm \times \frac{1}{2}=14\,cm$$
$$GE=16\,cm \times \frac{1}{2}=8\,cm$$
　∴　14 cm−8 cm=**6 cm**

第40日

実力養成テスト──相似・平行線と比例

1 右の図で，正三角形 ABC の辺 BC を 2：1 に内分する点を D とし，辺 AB 上に∠ADE＝60°となるように点 E をとる。次の問いに答えなさい。　　　　　　　　　　　（各7点） 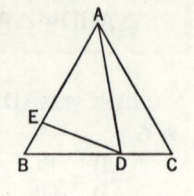
(1) △DEB∽△ADC を証明しなさい。
(2) △ABC の 1 辺の長さを a とするとき，BE の長さを a の式で表しなさい。

2 右の図の△ABC の∠A の二等分線が BC と交わる点を D とする。B，C より AD またはその延長上に垂線 BE，CF をおろす。次の問いに答えなさい。　　　　　（各5点） 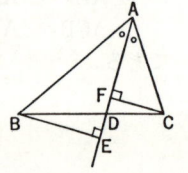
(1) 相似な三角形はどれとどれですか。□をうめなさい。
　　(ア) △□と△□　　　(イ) △□と△□
(2) (ア)の証明をかきなさい。(イ)の証明をかきなさい。
(3) (1)より次の事柄が成り立つ。□をうめなさい。
　　(ア)より　AB：AC＝□：□　　(イ)より　BD：CD＝□：□
　　∴　AB：AC＝BD：CD

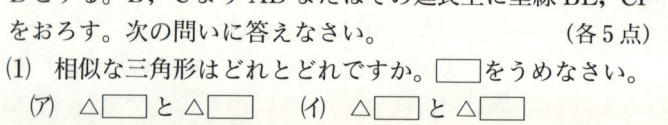

3 右の図の△A′B′C は，同一平面上にある△ABC を，点 C を中心として回転移動したものである。点 B，C，A′ は一直線上にあり，∠ACB′＝50°のとき，次の問いに答えなさい。　　　　　　　　　　　（各7点） 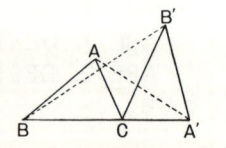
(1) ∠ABC＝45°のとき，∠B′A′C の大きさを求めなさい。
(2) △ACA′ と△BCB′ は，どのような理由で，どんな関係にあるか最も適当なものを，次のア～エから選びなさい。
　　ア．3組の辺の比が等しいので，相似である。
　　イ．3辺がそれぞれ等しいので，合同である。
　　ウ．2組の辺の比が等しく，その間の角が等しいので，相似である。
　　エ．2辺とその間の角がそれぞれ等しいので，合同である。

4 右の図のような長方形 ABCD の 2 辺 AB，BC をそれぞれ 10 cm，12 cm とする。いま，辺 AD 上に DE＝4 cm とする点 E があって，BE と AC の交点 P から辺 BC に下した垂線を PH とする。
　このとき，次の問いに答えなさい。　　　　　　（各7点） 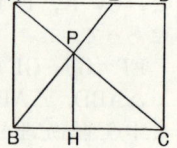
(1) BP：PE の比をできるだけ簡単な整数の比で示しなさい。

(2) PH の長さを求めなさい。

(3) BH の長さを求めなさい。

5 右の図で，AB，DC はいずれも BC に垂直で，AC と BD との交点を P，P から BC にひいた垂線と BC との交点を H とする。また，AB＝8 cm，PH＝3 cm とする。このとき，次の問いに答えなさい。　(各7点)

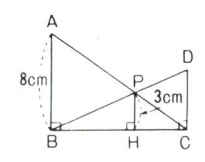

(1) $\dfrac{BP}{PD}$ を求めなさい。

(2) DC の長さを求めなさい。

6 四角形 ABCD の 4 辺 AB，BC，CD，DA の中点をそれぞれ K，L，M，N とする。AC＋BD＝12 cm であるとき，四角形 KLMN の周の長さを求めなさい。　(7点)

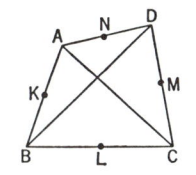

強化問題

（1） 右の図は，直角三角形 ABC の直角の頂点 A から斜辺 BC に垂線をひいたものである。 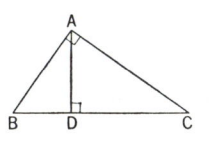
① △ABC∽△DBA を証明しなさい。
② △DBA∽△DAC を証明しなさい。

（2） 右の図で，正方形 ABCD の対角線の交点を O，AO の中点を M，DM の延長が AB と交わる点を E とするとき，次の問いに答えなさい。 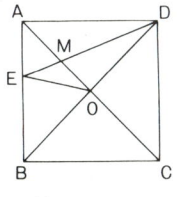
① △AEM と相似な三角形はどれか。1つ書きなさい。
② △ODM の面積は△OEM の面積の何倍ですか。
③ AE：EB の比を求めなさい。

（3） 右の図で，AB，DB，DC，AC の中点をそれぞれ，E，F，G，H とするとき，四角形 EFGH は平行四辺形であることを証明しなさい。

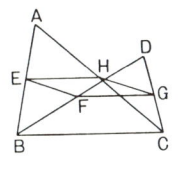

（4） 右の図の△ABC において，AB＝16 cm，AD：DB＝3：5，DE∥BC，EF∥AB，FG∥CA である。DG の長さを求めなさい。

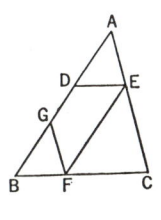

（5） 右の図で x，y の値を求めなさい。ただし，BC＝CG，DC∥EG とする。

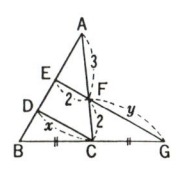

| 時間 | 60 分 | 得点 | | 基準 | A…81 点以上　B…80 点〜51 点　C…50 点以下 |

第41日　三平方の定理

要点学習

1. **三平方の定理**　直角三角形の直角をはさむ2辺の長さを a, b, 斜辺の長さを c とするとき，$a^2+b^2=c^2$ である。
2. **三平方の定理の逆**　三角形の3辺の長さ a, b, c の間に，$a^2+b^2=c^2$ が成り立てば，その三角形は斜辺の長さが c の直角三角形である。 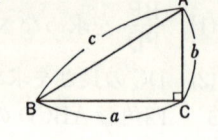
3. **直角三角形の辺の長さ**　右の図で，$c=\sqrt{a^2+b^2}$，$b=\sqrt{c^2-a^2}$，$a=\sqrt{c^2-b^2}$ である。
4. **対角線の長さ**　○ 長方形…$\sqrt{a^2+b^2}$（たて a，よこ b）
   - ○ 正方形…$\sqrt{2}\,a$（1辺 a）
   - ○ 直方体…$\sqrt{a^2+b^2+c^2}$（たて a，よこ b，高さ c）
   - ○ 立方体…$\sqrt{3}\,a$（1辺 a）
5. **正三角形の高さ・面積**　1辺の長さ a の正三角形
   - ○ 高さ…$\dfrac{\sqrt{3}}{2}a$
   - ○ 面積…$\dfrac{\sqrt{3}}{4}a^2$

● これだけは再確認しよう ●

（1）ピタゴラス数

よく使われる $a^2+b^2=c^2$ の関係を成り立たせる自然数の組には
3，4，5 　　 5，12，13
8，15，17 　 20，21，29
などがある。

（2）直角三角形の辺の長さ

どの辺が斜辺であるかをはっきりさせる。次の図の △ABC で斜辺は辺 AB であるから
$3^2+4^2=5^2$ 　であり，
$3^2+5^2=4^2$ 　ではなく，
$4^2+5^2=3^2$ 　でもない，
ことに気をつける。

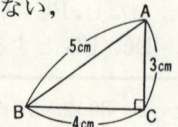

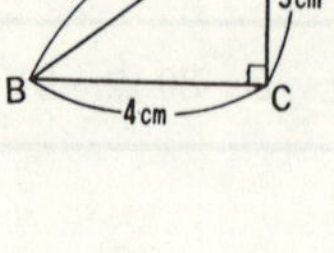

（3）正方形の対角線の長さ

1辺の長さ 5cm の正方形の対角線の長さは，$5\sqrt{2}$ cm である。対角線の長さを x cm とすると，
$x^2=5^2+5^2=25+25=50$
∴　$x=\pm\sqrt{50}=\pm 5\sqrt{2}$

（4）正三角形の高さ

1辺の長さを a とし，高さを h とすると， 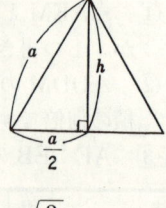
$h^2=a^2-\left(\dfrac{a}{2}\right)^2$
　　$=\dfrac{3}{4}a^2$
$h=\pm\sqrt{\dfrac{3}{4}a^2}=\pm\dfrac{\sqrt{3}}{2}a$

<例題 A>

右の図で，正方形 ABCD の辺 BC, CD の中点をそれぞれ E, F とする。AB=4 cm のとき，次の問いに答えよ。

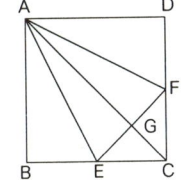

(1) 線分 AE の長さを求めよ。
(2) 線分 EF と対角線 AC との交点を G とする。GC の長さを求めよ。

解 (1) △ABE は，AB=4 cm，BE=2 cm，∠ABE=90° の直角三角形である。
　　AE=x cm とすると，$x^2=4^2+2^2=16+4=20$
　　∴ $x=\sqrt{20}=2\sqrt{5}$ 　　**答** $2\sqrt{5}$ cm

(2) △ECF は，CE=CF=2 cm，∠ECF=90° の直角三角形である。
　　EF=x cm とすると，$x^2=2^2+2^2=8$
　　∴ $x=\sqrt{8}=2\sqrt{2}$
　　△ECG は，EC=2 cm，EG=$\sqrt{2}$ cm，∠CGE=90° の直角三角形である。GC=y cm とすると，
　　$y^2=2^2-(\sqrt{2})^2=2$
　　∴ $y=\sqrt{2}$ 　　**答** $\sqrt{2}$ cm

(2) GC=AC-AG と考える方法もある。
　AC=$4\sqrt{2}$ cm
　$AG^2=AE^2-EG^2$
　　$=(2\sqrt{5})^2-(\sqrt{2})^2$
　　$=20-2=18$
　AG=$\sqrt{18}=3\sqrt{2}$
　△ECF，△EGC は直角二等辺三角形，3 辺の長さの比は，$1:1:\sqrt{2}$，
　EC：GC=$\sqrt{2}:1$

<例題 B>

1 点 O で直交する 2 直線 XX′, YY″ 上を運動する 2 点 A, B がある。A は OX 上の O から 1 m 離れた点から O に向かって毎秒 4 cm の速さで進み，B は A と同時に O を出発して Y に向かって OY 上を毎秒 3 cm の速さで進んでいる。AB 間の距離が 60 cm になるのは出発してから何秒後か。

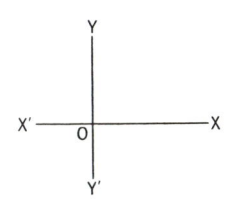

解 出発してから x 秒後に AB 間の距離が 60 cm になるとすると，
　$(100-4x)^2+(3x)^2=60^2$, $x^2-32x+256=0$
　$(x-16)^2=0$ 　∴ $x=16$
ゆえに，出発してから **16 秒後** に AB 間の距離は 60 cm になる。

A が O につくまで 25 秒かかり，そのとき OY=75 cm であるから，A は OX 上で考えればよい。

第42日

実力養成テスト ── 三平方の定理

1 下の図について，次の問いに答えなさい。 （各6点）

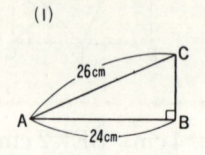

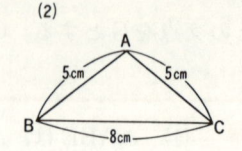

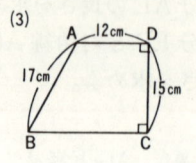

(1) △ABC で，辺 BC の長さを求めなさい。
(2) △ABC の面積を求めなさい。
(3) 台形 ABCD で辺 BC の長さを求めなさい。

2 1辺の長さ 30 cm の正方形の板 PQRS から，四すみを右の図のように切りとって正八角形の花びんしきを作ろうと思う。次の問いに答えなさい。 （各6点） 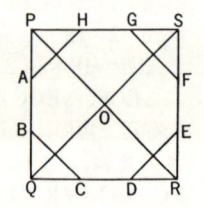
(1) AB の長さを求めなさい。
(2) PA の長さを求めなさい。
(3) 正八角形の面積を求めなさい。

3 正方形 ABCD に右の図のような正三角形 AEF を内接させる。このとき△ECF の面積が 18 cm² であるとして，次の問いに答えなさい。 （各6点） 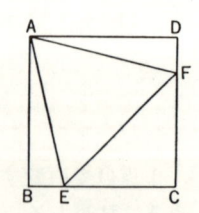
(1) 正三角形 AEF の1辺の長さを求めなさい。
(2) 正方形 ABCD の1辺の長さを求めなさい。
(3) △ABE の面積を求めなさい。

4 右の図の正六角形 ABCDEF で AB＝4 cm である。次の問いに答えなさい。 （各6点） 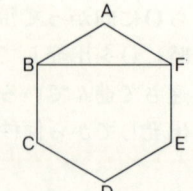
(1) BF の長さを求めなさい。
(2) △ABF の面積を求めなさい。
(3) 正六角形 ABCDEF の面積を求めなさい。

5 右の図の四角形 ABCD は1辺の長さ 15 cm の正方形である。辺 BC 上に，BE＝8 cm となる点Eをとり，∠DAE の二等分線と辺 CD との交点をFとする。
　このとき，線分 DF の長さを求めなさい。 （6点）

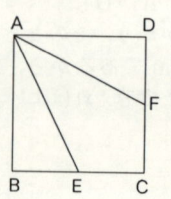

6　右の図のような四角形 ABCD において，AB＝2 cm，CD＝DA＝3 cm，∠ADC＝60°，∠ABC＝90°とするとき，次の問いに答えなさい。　　　　　（各5点）

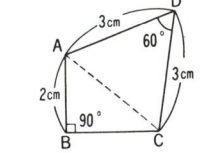

(1)　点 B から対角線 AC に垂線をひき，その交点を E とするとき，BE の長さを求めなさい。

(2)　対角線 AC を折り目として，三角形 ABC と三角形 ACD の2つの面が垂直になるように折ったとき，点 A，B，C，D を頂点として作られる四面体 ABCD の体積を求めなさい。

7　右の図のように，平行な2つの直線 l，m があり，平行線 l と m の距離は3 cm で，2点 A，B はそれぞれ直線 l，m 上の点である。線分 AB に垂直に交わる直線をひき，この直線と直線 l，m の交点をそれぞれ C，D とする。AB＝5 cm であるとき，AC＋BD の長さを求めなさい。（6点）

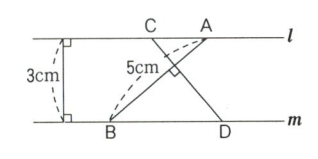

8　3辺の長さが $x-4$，x，$x+4$ であるような三角形が直角三角形になるためには，x はどんな値であればよいですか。　　　　　（6点）

強化問題

（1）　右の図は，AB＝8 cm，AC＝6 cm，∠C＝90°の直角三角形である。

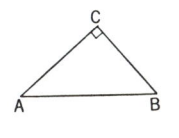

① BC の長さを求めよ。

② △ABC の面積を求めよ。

③ △ABC で，AB を底辺としたときの高さを求めよ。

（2）　右の図で，△EBC の面積を求めなさい。ただし，無理数は根号をつけたままで答えなさい。

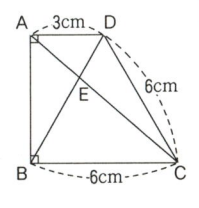

（3）　右の図のように，AB＝AC の二等辺三角形 ABC と DC＝DE の二等辺三角形 DCE がある。

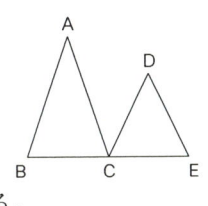

△ABC と △DCE の面積はそれぞれ 12 cm², 8 cm² で，底辺はどちらも 4 cm である。ただし，3点 B，C，E はこの順に一直線上に並んでいる。このとき，次の問いに答えなさい。

① 線分 AD の長さを求めなさい。

② ∠BAC＋∠CDE の大きさを求めなさい。

時間	70分	得点		基準	A…77点以上　B…76点〜54点　C…53点以下

第43日 三平方の定理と立体図形

要点学習

1. **対角線の長さ**
   (1) **立方体** 1辺 a の立方体の対角線の長さは，$\sqrt{3}\,a$ である。
   (2) **直方体** よこ a，たて b，高さ c の直方体の対角線の長さは，$\sqrt{a^2+b^2+c^2}$ である。

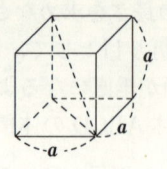

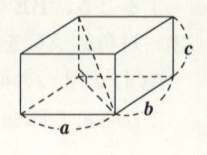

2. **正四面体の高さ・体積**
   1辺 a の正四面体の高さは $\dfrac{\sqrt{6}}{3}a$
   1辺 a の正四面体の体積は $\dfrac{\sqrt{2}}{12}a^3$

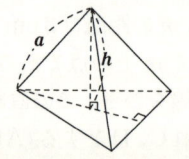

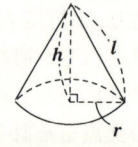

3. **円すいの高さ**
   底面の半径 r，母線の長さ l の円すいの高さは，$\sqrt{l^2-r^2}$ である。

●これだけは再確認しよう●

(1) **立方体の対角線の長さ** 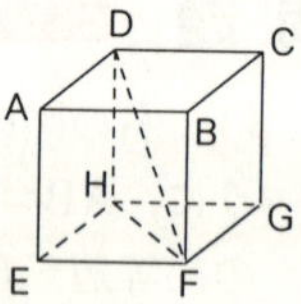
   1辺の長さを a とすると，
   $HF^2=HE^2+EF^2$，
   $DF^2=DH^2+HF^2$
   $\quad=DH^2+HE^2+EF^2$
   $\quad=a^2+a^2+a^2=3a^2$
   よって，$DF=\sqrt{3a^2}=\sqrt{3}\,a$

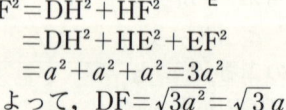

(2) **直方体の対角線の長さ**
   たて 2cm，よこ 3cm，高さ 4cm の直方体の対角線の長さは
   $\sqrt{2^2+3^2+4^2}=\sqrt{4+9+16}$
   $\quad=\sqrt{29}\,(cm)$

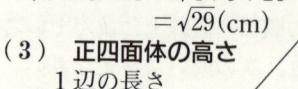

(3) **正四面体の高さ** 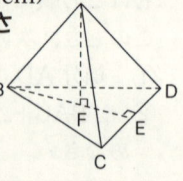
   1辺の長さを a とする。
   CD の中点を E とすると，△BCD は正三角形であるから $BE=\dfrac{\sqrt{3}}{2}a$

   F は △BCD の*重心であるから
   $BF=\dfrac{2}{3}BE=\dfrac{2}{3}\times\dfrac{\sqrt{3}}{2}a=\dfrac{\sqrt{3}}{3}a$
   △ABF で，
   $h^2=a^2-\left(\dfrac{\sqrt{3}}{3}a\right)^2=\dfrac{2}{3}a^2$
   よって，$h=\sqrt{\dfrac{2}{3}a^2}=\dfrac{\sqrt{6}}{3}a$

(4) **正四面体の体積**
   1辺の長さを a とすると，正三角形 BCD の面積は $\dfrac{\sqrt{3}}{4}a^2$，$h=\dfrac{\sqrt{6}}{3}a$
   よって，体積は
   $\dfrac{1}{3}\times\dfrac{\sqrt{3}}{4}a^2\times\dfrac{\sqrt{6}}{3}a=\dfrac{\sqrt{2}}{12}a^3$

(5) **円すいの高さ**
   右の図の円すいの高さは
   $\sqrt{5^2-3^2}=\sqrt{16}$
   $\quad=4\,(cm)$

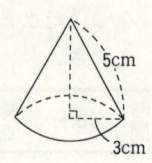

<例題 A>

右の図の直方体について，次の問いに答えよ。
(1) 対角線 DF の長さを求めよ。
(2) この直方体の表面に，糸を頂点Cから頂点Eまでぴんと張る。糸が最も短くなるときの長さを求めよ。

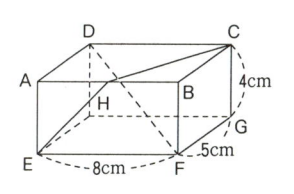

(1) 対角線は，AG，BH，CE，DF の 4 本あって，長さはみな等しい。
(2) 2 点間の最短距離は，2 点を結ぶ線分の長さである。
$\sqrt{145}=\sqrt{5\times 29}$ であり，$a\sqrt{b}$ にはならない。

[解] (1) よこ 8 cm，たて 5 cm，高さ 4 cm であるから
$\sqrt{8^2+5^2+4^2}=\sqrt{105}$
[答] $\sqrt{105}$ cm

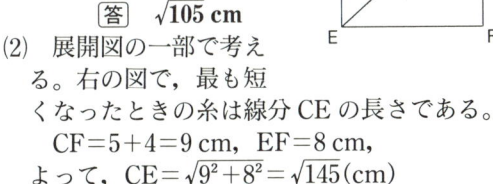

(2) 展開図の一部で考える。右の図で，最も短くなったときの糸は線分 CE の長さである。
CF=5+4=9 cm，EF=8 cm，
よって，CE=$\sqrt{9^2+8^2}=\sqrt{145}$(cm)
[答] $\sqrt{145}$ cm

<例題 B>

右の図で，1 辺 6 cm の立方体 ABCD−EFGH を頂点A，C，Fを通る平面で2つに切るとき，次の問いに答えよ。
(1) △ACF の面積を求めよ。
(2) 三角すい B−ACF で，頂点Bから底面 △ACF にひいた垂線 BH の長さを求めよ。

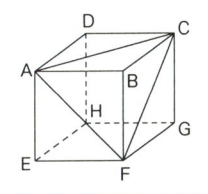

(1) 合同な正方形の対角線の長さは等しいから
AC=CF=FA
(2) 底面を △ABF とすると，高さは CB
底面を △ACF とすると，高さは BH
$18\sqrt{3}\times BH\times\frac{1}{3}=36$
$BH=\frac{36}{6\sqrt{3}}$

[解] (1) AC=CF=FA，△ACF は正三角形である。
AC=$\sqrt{2}\times$AB=$\sqrt{2}\times 6=6\sqrt{2}$ (cm)
1 辺 a の正三角形の面積は，$\frac{\sqrt{3}}{4}a^2$
よって，$\frac{\sqrt{3}}{4}\times(6\sqrt{2})^2=18\sqrt{3}$
[答] $18\sqrt{3}$ cm²

(2) 三角すい B−ACF の体積は，
$\frac{1}{3}\times\frac{1}{2}\times 6\times 6\times 6=36$(cm³)
△ACF×BH×$\frac{1}{3}$=36 から BH=$2\sqrt{3}$ (cm)
[答] $2\sqrt{3}$ cm

第44日

実力養成テスト──三平方の定理と立体図形

1 右の図のような立方体 ABCD－EFGH がある。次の問いに答えなさい。
(1) 3の線分 AB, AH, AG の長さの比（連比）を求めなさい。
(2) Aを頂点とし，正方形 EFGH を底面とする四角すい A－EFGH の全表面積を求めなさい。ただし，立方体の1辺の長さを a cm とする。　　　　（各8点）

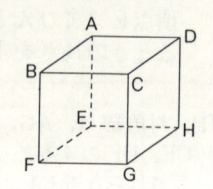

2 右の図のような直方体 ABCD－EFGH について，次の問いに答えなさい。　　　　　　　（各8点）
(1) 四角形 AEGC の面積を求めなさい。
(2) 対角線 AG の長さを求めなさい。
(3) 頂点Cから頂点Eまで，面 BFGC，面 AEFB の上を通って糸をぴんとはる。最も短くなったときの糸の長さを求めなさい。

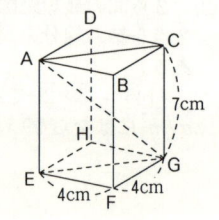

3 右の図のような，各辺の長さがすべて4cmの正四角すいがあり，点Fは辺BCの中点である。
　この立体を3点A，F，Dを通る平面で切って，2つの立体に分ける。次の問いに答えなさい。　（各8点）
(1) 線分 AF の長さを求めなさい。
(2) 分けられた2つの立体のうち，点Cを含む立体の体積を求めなさい。

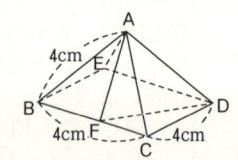

4 右の図のような，1辺の長さが4cmの立方体があり，辺ABの中点をM，辺BCの中点をNとする。この立方体を4点 M，E，G，N を通る平面で2つの立体に切る。
(1) MN の長さを求めなさい。　　　　　（各7点）
(2) 線分 EM の延長線と辺 FB の延長線との交点をPとするとき，PM の長さを求めなさい。
(3) 2つの立体のうち，頂点Bを含む立体の体積を求めなさい。
(4) 点MからEGにひいた垂線をMQとするとき，MQの長さを求めなさい。

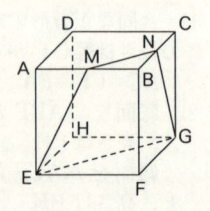

5 右の図は，∠BAC＝90°の直角二等辺三角形 ABC と，∠EDF＝90°の直角二等辺三角形 DEF を底面とし，

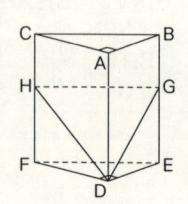

3つの長方形 ADEB，BEFC，CFDA を側面とする三角柱である。また，G，Hはそれぞれ辺 BE，CF 上の点で，GH＝HD＝DG である。

AB＝3 cm のとき，G，H，F，D，E を頂点とする立体の体積を求めなさい。
（8点）

6　右の図のように，AB＝BC＝4 cm，AE＝2 cm の直方体 ABCDEFGH がある。これを辺 CD，DA，EF，FG の中点P，Q，R，Sを通る平面で切ると，その平面は辺 AE，CG の中点 T，Uも通る。

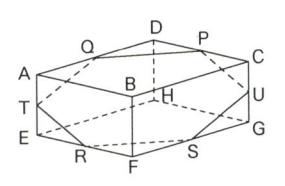

このとき，切り口の六角形 PQTRSU の面積は何 cm² か求めなさい。（8点）

強化問題

（1）右の図は1辺の長さが $6\sqrt{2}$ cm の正方形 ABCD を底面とし，高さ VO が 4 cm の正四角すい V－ABCD である。

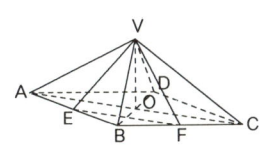

① 辺 AB，BC の中点をそれぞれ E，F とするとき，△VEF の面積を求めよ。

② 三角すい V－ABO の体積を求めよ。

（2）右の図のように，底面が1辺 6 cm の正方形で，側面が正三角形である四角すい O－ABCD がある。

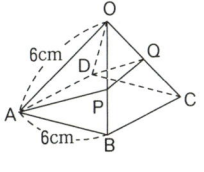

辺 OB，OC の中点をそれぞれP，Qとする。

① 四角すい O－ABCD の高さを求めよ。

② 4点A，P，Q，D を通る平面でこの四角すいを切るとき，その切り口の面積を求めよ。

（3）右の図のように，1辺 6 cm の立方体 ABCD－EFGH の辺 BF，DH をそれぞれ1：2に分ける点を P，Q とし，辺 CG を 2：1 に分ける点をRとする。

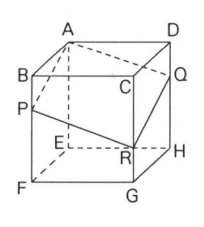

この立方体を4点 A，P，R，Q を通る平面で切り，2つの立体に分けるとき，次の問いに答えよ。

① 切り口の図形の面積を求めよ。

② 小さい方の立体の体積を求めよ。

| 時間 | 60 分 | 得点 | | 基準 | A…73 点以上　B…72 点〜56 点　C…55 点以下 |

第45日
円・接線・円周角と中心角

要点学習

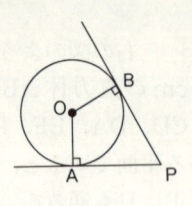

1. **接線・接点** 円と直線が1点で交わるとき，直線をその円の接線，交点を接点という。
2. **接線と半径** 接線と接点を通る半径は垂直である。
   [例] 右の図で，OA⊥AP，OB⊥BP
3. **接線の長さ** 円外の1点から，この円にひいた2つの接線の長さは等しい。
   [例] 右の図で，PA，PBの長さを接線の長さといい，PA＝PB
4. **円周角と中心角**
   ○ 1つの円で，等しい中心角に対する弧は等しく，等しい弧に対する中心角は等しい。
   ○ 1つの円で，等しい円周角に対する弧は等しく，等しい弧に対する円周角は等しい。
   　[例] 右の図で，∠APB＝∠AQB
   ○ 同じ弧に対する円周角は，中心角の半分の大きさである。
   　[例] 右の図で，∠APB＝$\frac{1}{2}$∠AOB

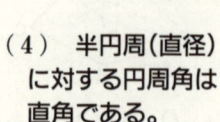

● これだけは再確認しよう ●

（1）**円外の1点からひいた2つの接線の作る角** 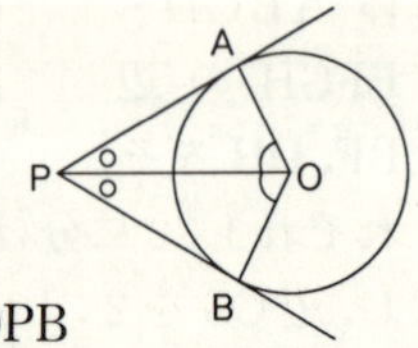
　1点Pから円Oへの接線は2つひける。
　右の図で，
　∠OPA＝∠OPB
　∠AOP＝∠BOP
　∠APB＋∠AOB＝2∠R である。

（2）**等しい弧に対する中心角** 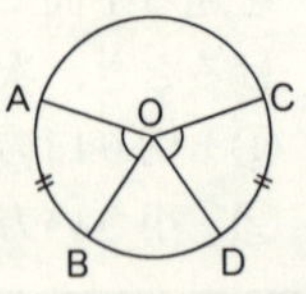
　右の図で，
　∠AOB＝∠COD であれば，$\overparen{AB}$＝$\overparen{CD}$
　$\overparen{AB}$＝$\overparen{CD}$ であれば，
　∠AOB＝∠COD

（3）**等しい弧に対する円周角** 
　右の図で，
　∠APB＝∠CQD であれば，
　$\overparen{AB}$＝$\overparen{CD}$，$\overparen{AB}$＝$\overparen{CD}$ であれば，
　∠APB＝∠CQD

（4）**半円周（直径）に対する円周角は直角である。** 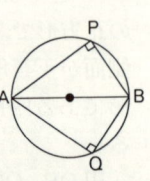
　右の図で，
　ABが直径であれば，
　∠APB＝∠AQB＝∠R
　∠APB＝∠R であれば，ABは直径である。

<例題 A>

右の図で，点Pから円Oにひいた2本の接線の接点をA，Bとし，円Oの周上の点をCとする。∠ACB＝68°のとき，次の問いに答えよ。
(1) ∠x の大きさを求めよ。
(2) ∠y の大きさを求めよ。

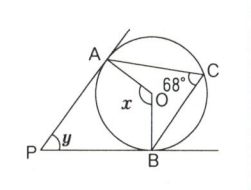

PA, PBは円Oの接線であるから，
∠PAO＝∠PBO＝∠R
四角形PAOBで，
∠AOB＋∠APB＝2∠R

[解] (1) $\overset{\frown}{AB}$ に対する中心角∠AOBの大きさは，円周角∠ACBの大きさの2倍であるから，
$\angle x = 68° \times 2 = 136°$ [答] **136°**

(2) ∠APB＋∠AOB＝180° であるから，
$\angle y = 180° - 136° = 44°$ [答] **44°**

<例題 B>

右の図のように，正方形ABCDが円Oに内接している。また，頂点Cと辺ADの中点Eとを結ぶ直線と弧ADとの交点をF，弦AFの延長と辺CDの延長との交点をGとする。次の問いに答えよ。
(1) △ADG≡△CDE であることを証明せよ。
(2) 円Oの半径が6cmのとき，CEの長さを求めよ。

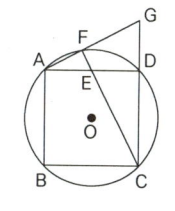

(1) 正方形の4辺は長さが等しい。
  AD＝CD
同じ弧 $\overset{\frown}{FD}$ に対する円周角は等しい。
  ∠GAD＝∠ECD
(2) △CEDは∠CDE＝∠Rの直角三角形
  三平方の定理により
  CE²＝CD²＋ED²
また，CD：ED＝2：1から，ED：CE＝1：√5 も使える。

[解] (1) △ADGと△CDEにおいて正方形ABCDの辺であるから，
  AD＝CD……①
正方形ABCDの角であるから，
  ∠ADG＝∠CDE＝∠R……②
$\overset{\frown}{FD}$ に対する円周角であるから，
  ∠GAD＝∠ECD……③
①，②，③から，1辺とその両端の角が等しい。
よって，△ADG≡△CDE

(2) △CODで∠COD＝∠R，OC＝OD
CD²＝OC²＋OD²，CD＝$\sqrt{6^2+6^2}=\sqrt{72}=6\sqrt{2}$
△CEDで，ED＝$\frac{1}{2}$CD＝$\frac{1}{2} \times 6\sqrt{2} = 3\sqrt{2}$

CE²＝CD²＋ED²
　＝$(6\sqrt{2})^2+(3\sqrt{2})^2=72+18=90$
よって，CE＝$\sqrt{90}=3\sqrt{10}$ (cm)

[答] **$3\sqrt{10}$ cm**

第46日

実力養成テスト ── 円・接線・円周角と中心角

1 右のア図のように，4点A，B，C，Dは円Oの周上の点である。
∠ABC=100°，∠ADO=40° のとき，∠CAD の大きさを求めなさい。
（9点）

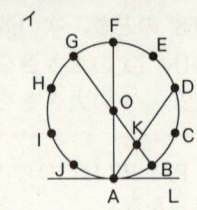

2 右のイ図のように，円Oの周を10等分している点A，B，C，D，E，F，G，H，I，Jがある。いま，点Aと点D，点Bと点Gを結ぶ線分の交点をK，点Aでの接線をAL として，次の問いに答えなさい。 （各9点）
(1) ∠DAL の大きさを求めなさい。
(2) ∠GKD の大きさを求めなさい。

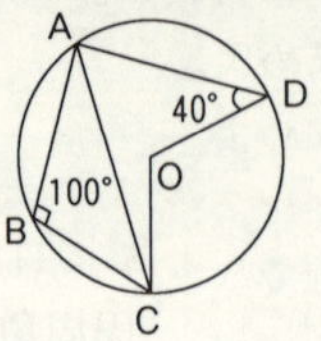

3 右の図のように，∠A=90° の直角三角形ABCに円Oが内接し，D，E，Fは接点である。BD=10 cm，DC=3 cm のとき，次の問いに答えなさい。
(1) BFの長さを求めなさい。
(2) 円Oの半径を求めなさい。 （各9点）

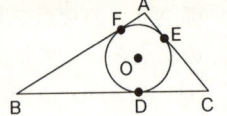

4 △ABCの∠B，∠Cの二等分線が△ABCの外接円の $\stackrel{\frown}{BAC}$ と交わる点をそれぞれM，Nとし，直線MNがAB，ACと交わる点をそれぞれD，Eとする。
このとき，次の問いに答えなさい。 （各9点）
(1) $\stackrel{\frown}{BN}$ が円周の $\frac{1}{4}$ であるとき，∠BMN の大きさを求めなさい。 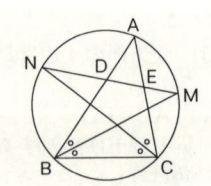
(2) ∠ABM=∠CNM となることを証明しなさい。
(3) 直線BMと直線CNが交わる点をIとする。∠BIC=110° であるとき，∠ADE の大きさを求めなさい。

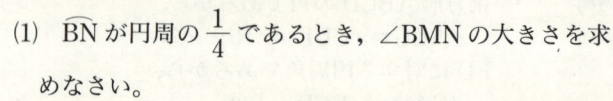

5 右の図で，鋭角三角形ABCの頂点Aから辺BCにひいた垂線と辺BCとの交点をD，頂点Bから辺ACにひいた垂線と辺ACとの交点をEとする。ADの延長と△ABCの外接円との交点をFとする。
このとき，△BFHが二等辺三角形であることを証明しなさい。
（10点）

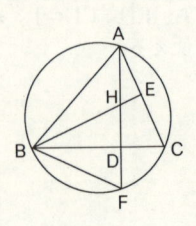

6

△ABCの外接円で，∠B，∠Cに対する弧の中点をそれぞれP，Qとするとき，直線PQがAB，ACの2辺と交わってできる△ADEは二等辺三角形であることを証明せよ。

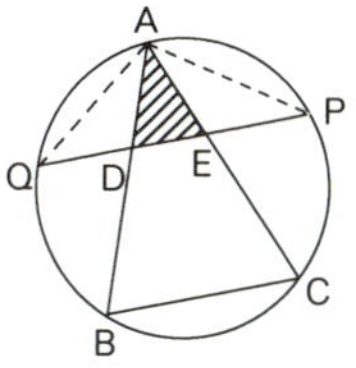

[証明]　AとP，AとQを結べば
　　　∠ADE＝∠AQD＋∠ア□
　　　∠AED＝∠イ□＋∠APE
ところが，Pは $\overset{\frown}{AC}$，Qは $\overset{\frown}{AB}$ の中点であるから
　　　∠AQD＝∠ウ□，∠エ□＝∠APE　∴　∠オ□＝∠AED
よって，△ADEは二等辺三角形である。

(1)　上の証明を完成しなさい。　　　　　　　　　　　　　　　(各3点)
(2)　△ADEが正三角形になるときには，弧BCの長さは円周の何倍ですか。

強化問題

(1)　右の図のように，円に内接する五角形ABCDEがある。∠BAC＝50°，∠ACB＝37°，AB＝CDのとき，∠AEDの大きさを求めよ。

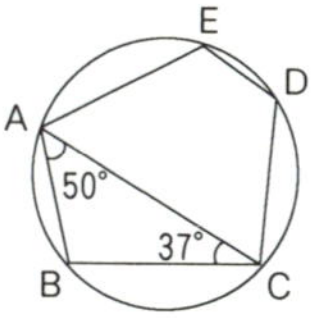

(2)　右の図で，四角形ABCDは円Oに内接している。
　　∠BCD＝115°，∠ADO＝44°のとき，∠ABOの大きさは何度か。

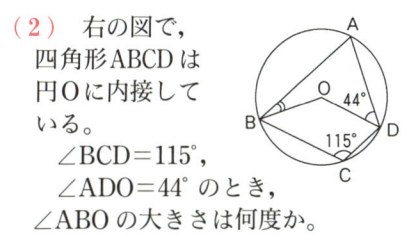

(3)　次の図で，点A，B，C，Dは円周上の点で，ACとBDの交点がP，ABとDCの延長の交点がQで，∠APD＝80°，∠AQD＝40°である。
　① ∠QAD＋∠QDAは何度か。
　② ∠BACは何度か。
　③ ∠ACDは何度か。
　④ 弧BCと弧ADの長さの比を求めよ。ただし，弧BCと弧ADはいずれも小さい方の弧とする。

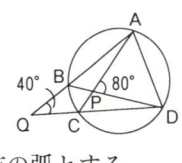

(4)　右の図のように，BCを底辺とする二等辺三角形ABCがあり，その外接円の弧AC上に点Pをとる。点Pと三角形ABCの各頂点とを結び，BP上にBQ＝CPとなるように点Qをとる。
　① AP＝AQであることを証明せよ。 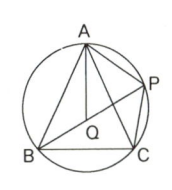
　② 弧BCが円周の $\frac{1}{5}$ の長さのとき，∠APCの大きさを求めよ。

| 時間 | 60分 | 得点 | | 基準 | A…72点以上　B…71点〜45点　C…44点以下 |

第47日

*内接四角形・*接線と弦の作る角

要点学習

1. **内接四角形** 4つの頂点が1つの円の周上にある四角形を内接四角形という。

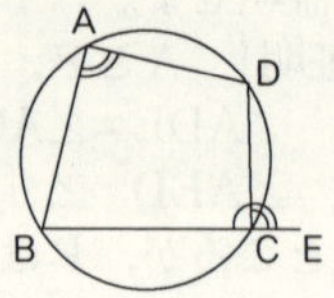

2. **内接四角形の性質**
   ○ 円に内接する四角形の対角の和は2直角である。
   　例　右の図で，∠DAB+∠BCD=2∠R
   　　　　　　　　∠ABC+∠CDA=2∠R
   ○ 円に内接する四角形の外角はそのとなりの内角の対角と等しい。
   　例　右の図で，∠DCE=∠DAB

3. **接線と弦の作る角** 接線と接点を通る弦の作る角は，その角内にある弧に対する円周角と等しい。 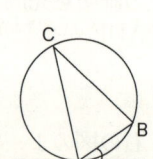
   　例　右の図で，Aを接点，ATを接線とすると，
   　　　∠BAT=∠BCA

● これだけは再確認しよう ●

（1）**外接四角形**
　　4つの辺が1つの円に接している四角形を外接四角形という。

（2）**内接四角形の性質**
　　右の図で， 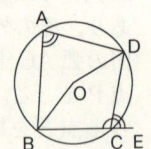
　　∠DAB
　　$=\dfrac{1}{2}$∠DOB,
　　∠BCD$=\dfrac{1}{2}$∠BOD,
　　∠DOB+∠BOD=4∠R
　　∴ ∠DAB+∠BCD=2∠R
　　また，
　　∠BCD+∠DCE=2∠R
　　∴ ∠DCE=∠DAB

（3）**接線と弦の作る角**
　　右の図で，Aを接点，ATを接線，Oを円の中心とする。 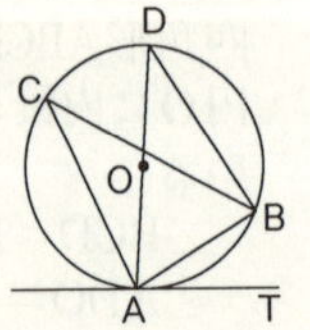
　　∠BAT+∠DAB
　　=∠R
　　ADは直径であるから，
　　∠BDA+∠DAB
　　=∠R
　　∴ ∠BAT=∠BDA
　　$\stackrel{\frown}{AB}$に対する円周角だから
　　∠BDA=∠BCA
　　∴ ∠BAT=∠BCA
　　○ 右の図で， 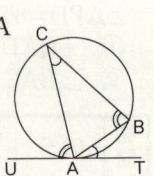
　　∠BAT=∠BCA
　　∠CAU=∠ABC
　　である。

＜例題 A＞

右の図で，四角形 ABCD は円に内接し，AD＝DC である。また，E は直線 AD と BC との交点で，AB＝AE である。

∠DAB＝76°のとき，次の問いに答えよ。
(1) ∠DCE の大きさを求めよ。
(2) ∠BDC の大きさを求めよ。

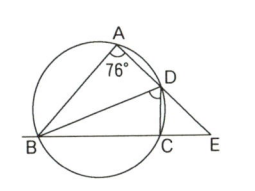

(1) 四角形 ABCD で，外角 ∠DCE はそのとなりの内角 ∠DCB の対角 ∠DAB と等しい。
(2) AD＝DC であれば $\widehat{AD}=\widehat{DC}$ である。

解 (1) 四角形 ABCD は円に内接しているから
 ∠DCE＝∠DAB＝76° **答** **76°**
(2) AB＝AE であるから △ABE は二等辺三角形
 ∠ABE＝(180°－76°)÷2＝52°
 AD＝DC であるから，BD は ∠ABC を二等分する。∠DBC＝52°÷2＝26°
 ∠BDC＝∠DCE－∠DBC＝76°－26°＝50°
 答 **50°**

＜例題 B＞

右の図のように，円 O に内接する AB＝AC の二等辺三角形 ABC があり，直線 PQ は点 C で円 O に接している。また，点 B を通る PQ に平行な直線が，AC および円 O と交わる点をそれぞれ D，E とし，A と E，C と E を結ぶ。このとき，次の問いに答えよ。
(1) ∠BAC＝34°のとき，∠AEB の大きさを求めよ。
(2) △ABD≡△ACE を証明せよ。

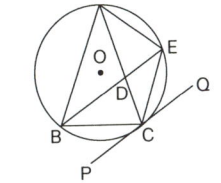

(1) △ABC で AB＝AC から，∠ABC＝∠ACB
(2) $\widehat{AE}$ に対する円周角だから，
　∠ABE＝∠ACE
$\widehat{BC}$ に対する円周角だから，
　∠BAD＝∠BEC
PQ／／BE だから，錯角は等しい。
　∠BEC＝∠QCE

解 (1) $\widehat{AB}$ に対する円周角であるから，
∠AEB＝∠ACB，△ABC で AB＝AC であるから，∠ACB＝(180°－34°)÷2＝73°　**答** **73°**
(2) △ABD と △ACE において，AB＝AC……①
$\widehat{AE}$ に対する円周角だから，
　∠ABD＝∠ACE……②
$\widehat{BC}$ に対する円周角だから，∠BAD＝∠BEC
PQ／／BE だから，∠BEC＝∠QCE，PQ は接線だから，∠QCE＝∠CAE
∴　∠BAD＝∠CAE……③
①，②，③から一辺と両端の角がそれぞれ等しい。
よって，△ABD≡△ACE

第48日

実力養成テスト —— *内接四角形・*接線と弦の作る角

1 右のア図で，四角形 ABCD は平行四辺形であり，A，B，C を通る円が辺 AD と E で交わっている。∠A＝115°，辺 CD が円に接するとき，∠EBC の大きさを求めなさい。　　　　　(11点)

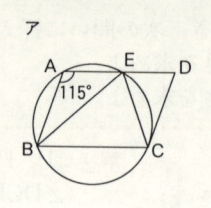

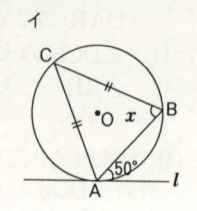

2 右のイ図で，直線 l は円 O の接線で，点 A がその接点である。CA＝CB のとき，∠x の大きさを求めなさい。　　　　　(11点)

3 右の図のように，円 O と 2 点 A，B で交わる直線 l がある。また，直線 m は直線 l と平行であり，円 O に点 C で接している。∠BAC の二等分線と円 O，直線 m との交点をそれぞれ D，E とする。
　このとき，△DCE は二等辺三角形であることを証明しなさい。　　　　　(11点)

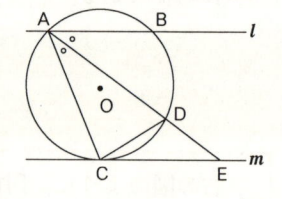

4 右の図のように，△ABC の頂点 A を通り，辺 BC と接する円がある。接点を D とし，円と辺 AB，AC との交点をそれぞれ E，F とする。次の問いに答えなさい。　　　　　(各11点)
(1) ∠AFD＝120°，∠BDE＝35° のとき，∠ABC の大きさを求めなさい。
(2) DE＝DF のとき，BC∥EF を証明しなさい。

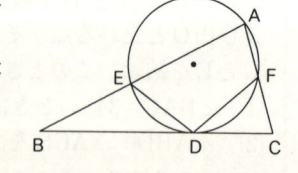

5 右の図で，点 P は円 O の周上の点であり，AB は直径である。また，点 P を通る円 O の接線と，AB を延長した直線との交点を Q とする。次の問いに答えなさい。　　　　　(各11点)
(1) ∠APO＝∠BPQ であることを証明しなさい。
(2) △BQP が，BQ＝BP の二等辺三角形であるとき，∠AOP の大きさを求めなさい。

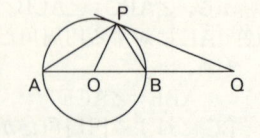

6 右の図において，PX，PY は点 P からひいた円 O の接線であり，2 点 A，B はその接点である。PA

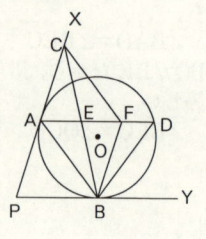

の延長上に PA＝AC となる点 C をとる。点 D は $\overparen{AB}=\overparen{BD}$ となる円 O の円周上の点であり，点 E は BC と AD との交点である。点 B を通る PA に平行な直線と AD との交点を F とする。

このとき，四角形 ABFC は平行四辺形であることを証明しなさい。（12点）

7 右の図のように，円 O に内接する △ABC があり，辺 BC の延長上の点を E とする。∠ACE の二等分線が円 O と交わる点を D とするとき，DA＝DB であることを証明しなさい。（11点）

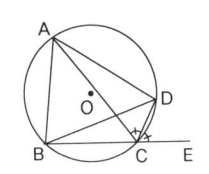

強化問題

（1） △ABC とその外接円がある。

右の図のように，この円周上の点 A，B における接線をひき，その交点を D とする。∠ADB＝54°，∠CAB＝74° のとき，∠ABC の大きさ x を求めよ。

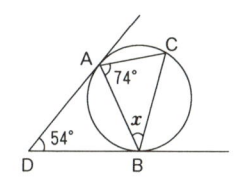

（2） 右の図のように，点 P から円 O に接線 PA，PB をひく。∠BAP の二等分線をひき，円 O との交点を E，接線 PB との交点を C とする。また，B と E を結ぶ直線と接線 PA との交点を D とする。

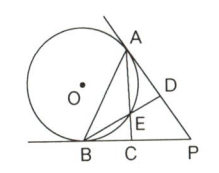

① △ADE≡△BCE を証明せよ。

② ∠APB＝a° とするとき，∠AEB の大きさを a を使って表せ。

（3） 右の図のように，∠ACB＝90°，CA＝CB の直角二等辺三角形 ABC の斜辺 AB 上に点 D をとり，△BCD の外接円 O をかく。点 D を通る直径を DE とし，E と B，C をそれぞれ線分で結ぶ。

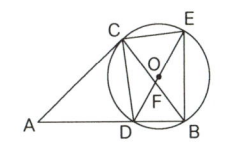

また，CB と DE の交点を F とする。次の各問いに答えよ。

① △ACD≡△BCE であることを証明せよ。

② AC＝4 cm，AD：DB＝3：1 のとき，

ア　円 O の直径を求めよ。

イ　△CDF の面積を求めよ。

| 時間 | 60分 | 得点 | | 基準 | A…77点以上　B…76点〜55点　C…54点以下 |

第49日 円と三角形の相似

要点学習

1. **交わる弦**
   右のア図で，2つの弦 AB と CD が P で交わるとき，△APC∽△DPB である。

2. **内接四角形**
   右のイ図で対角線 AC と BD の交点を P とするとき，△APB∽△DPC，△APD∽△BPC である。

3. **直径と円周角**
   右の図で，AB を直径とする半円周上の点 C から AB に垂線 CD をひくと，
   △ABC∽△ACD∽△CBD である。

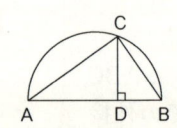

4. **円外の1点からの2直線**
   右のア図で，円外の点 P から円にひいた2本の直線と円との交点を A，B；C，D とすると，
   △PAC∽△PDB である。

*5. **円外の1点からの接線と直線**
   右のイ図で，P から接線 PA と円と2点 B，C で交わる直線をひくと，△PAB∽△PCA である。

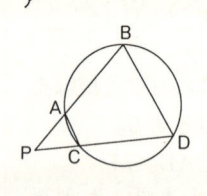

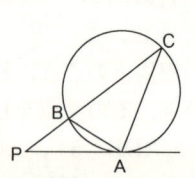

● これだけは再確認しよう ●

(1) **三角形の相似条件**
"2組の角がそれぞれ等しい"を使うことが多い。

(2) **交わる弦**
右の図で，
AD に対する円周角であるから，
　∠ACD＝∠ABD，
CB に対する円周角であるから，
　∠CAB＝∠CDB
また，対頂角であるから，
　∠APC＝∠DPB である。

(3) **円外の1点からの2直線**
右の図で四角形 ACDB は円に内接する。
∠PAC＝∠PDB
∠PCA＝∠PBD

*(4) **円外からの接線**
右の図で，
∠PAB＝∠PCA

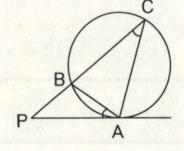

<例題 A>

右の図で，線分 AB は円 O の直径であり，直線 l は円 O と点 B で接している。また，点 C は円周上の点，点 D は AC の延長と l との交点である。

AB＝8 cm，AC＝6 cm のとき，CD の長さを求めよ。

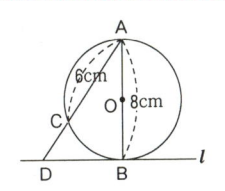

B と C を直線で結ぶと
$\angle ABD=\angle ACB=\angle R$
であり，
$\angle BAC+\angle ABC$
$=\angle DBC+\angle ABC=\angle R$
であるから，
$\angle BAC=\angle DBC$
ともいえる。
$2\sqrt{7}:CD=6:2\sqrt{7}$
$6\times CD=(2\sqrt{7})^2$

解 B と C を直線で結ぶ。△ACB と △BCD で
AB は直径だから，$\angle ACB=\angle BCD=\angle R$ ……①
DB は接線だから，$\angle BAC=\angle DBC$ ……②
①，②から 2 組の角が等しい。
よって，△ACB∽△BCD
　　CB：CD＝CA：CB，
　　$CB=\sqrt{8^2-6^2}=\sqrt{28}=2\sqrt{7}$，
よって，$2\sqrt{7}:CD=6:2\sqrt{7}$, $CD=\dfrac{14}{3}$

答 $\dfrac{14}{3}$ cm

<例題 B>

右の図で，円に内接している四角形 ABCD がある。点 D を通り，AC に平行な直線と BC の延長との交点を E とする。

このとき，△ABD∽△CDE であることを証明せよ。

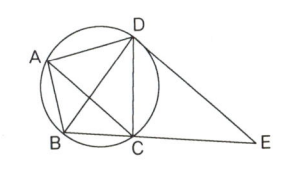

内接四角形 ABCD で，
$\angle BCD$ の外角は $\angle ECD$
$\angle BCD$ の対角は $\angle DAB$
よって，$\angle ECD=\angle DAB$
DE∥AC，同位角は等しいから
　$\angle BCA=\angle CED$
$\overset{\frown}{AB}$ に対する円周角だから
　$\angle ADB=\angle BCA$
よって，$\angle ADB=\angle CED$

解 △ABD と △CDE において，
四角形 ABCD は円に内接しているから，
　　　　$\angle DAB=\angle ECD$ ……①
DE∥AC，錯角は等しいから，
　　　　$\angle ACD=\angle CDE$ ……②
$\overset{\frown}{AD}$ に対する円周角だから，
　　　　$\angle ACD=\angle ABD$ ……③
②，③から，
　　　　$\angle ABD=\angle CDE$ ……④
①，④から，2 組の角がそれぞれ等しい。
よって，△ABD∽△CDE

第50日

実力養成テスト──円と三角形の相似

1 右の図で，円に内接する△ABCがある。円周上に点Dを∠BAC=∠CADとなるようにとり，ADの延長と点Cにおける円の接線との交点をEとするとき，△ABC∽△CDEである。

このことを次のように証明した。ア，イには当てはまる文字を，ウには相似条件を書き入れなさい。 （各9点）

[証明] △ABCと△CDEにおいて
　　四角形ABCDが円に内接しているから，∠ABC=∠[ア]……①
　　接線と弦のつくる角の定理から，∠CAD=∠[イ]
　　また，仮定から，∠BAC=∠CADだから，∠BAC=∠[イ]……②
　　①，②から，[　　　ウ　　　]ので
　　△ABC∽△CDE

2 右の図のように，円に内接する四角形ABCDがある。対角線AC，BDの交点をEとする。

このとき，次の問いに答えなさい。 （各9点）

(1) ∠ABD=34°，∠BDC=68°のとき，∠AEBの大きさを求めなさい。

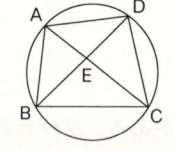

(2) AE=3 cm，BE=5 cm，CE=7 cmのとき，DEの長さを求めなさい。

3 右の図のように，直径BC=4 cmの円Oに内接している三角形ABCがあり，∠ABC=60°である。∠ABCの二等分線と辺ACとの交点をD，円Oとの交点のうちB以外の点をEとする。

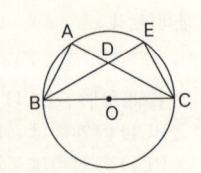

このとき，次の問いに答えなさい。 （各9点）

(1) ∠BACの大きさを求めなさい。

(2) △ABC∽△EDCであることを証明しなさい。

(3) 点Bを含まない側の弧$\stackrel{\frown}{AE}$の長さを求めなさい。

4 右の図において，△ABCは円Oに内接し，ADは円Oの直径である。点Dにおける円Oの接線と辺AB，ACの延長との交点をそれぞれE，Fとする。

このとき，△ABC∽△AFEであることを証明しなさい。 （10点）

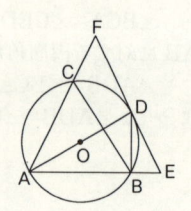

5 右の図のように，円に内接する二等辺三角形ABCがあり，AB=AC=3 cm，BC=2 cmである。点Bにおける円の接線と辺ACの延長との交点をE，また，Cを通り辺ABに平行な直線が円と交わる点をD，BEとの交点をFとする。
　このとき，次の問いに答えなさい。　（各9点） 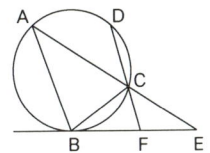
(1) △BCE∽△CFEであることを証明しなさい。
(2) CFの長さを求めなさい。

強化問題

（1） 円Oに内接する長方形ABCDがある。右の図のように，辺ADの延長線上にAC=AEとなる点Eをとる。点Cと点Eを結ぶ線分と円Oとの交点をPとし，点Aと点Pを結ぶ線分と辺CDとの交点をQとする。 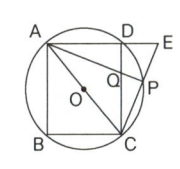
　△APE∽△CDEであることを証明せよ。

（2） 右の図のように，円に内接する四角形ABCDがある。この四角形の2つの対角線ACとBDの交点をE，辺ABの延長とDCの延長との交点をFとする。 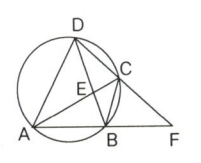
① △AFC∽△DFBを証明せよ。
② ACが∠BADの二等分線で，
　　BF=3cm，
　　CF=4cm，BC=2cm
のとき線分ADの長さを求めよ。

（3） 次の図のように，三角形ABCとその外接円があり，弧BC上に2点D，Eを$\overarc{BD}=\overarc{DE}=\overarc{EC}$となるようにとる。また，線分BCと線分AEとの交点をFとし，点Dにおける接線と直線CEとの交点をGとする。 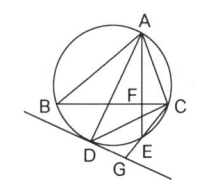
① △ABF∽△ADCを証明せよ。
② ∠DGE=$a°$，∠BCD=$b°$とするとき，bをaの式で表せ。

（4） 下の図において，△ABCはAB=ACの二等辺三角形であり，円Oに内接している。点Dは$\overarc{AC}$上の点であり，ADの延長とBCの延長との交点をEとする。また，点Cを通りBDに平行な直線とDEとの交点をFとする。
　△ACD∽△CEFであることを証明せよ。

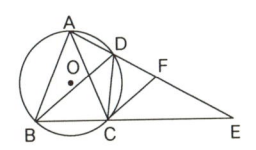

| 時間 | 50分 | 得点 | | 基準 | A…72点以上　B…71点〜54点　C…53点以下 |

第51日

公立・国立・私立高校問題の研究

数を中心とした問題

[1] 次の条件①，②，③のすべてにあてはまる4けたの自然数のうち，各位の数字がすべて異なるものを求めなさい。
　（条件）① 十の位の数は，一の位の数の正の平方根です。
　　　　　② 百の位の数は，十の位の数と一の位の数の公倍数です。
　　　　　③ 千の位の数は，一の位の数より小さい素数です。　　（9点）（岩手）

[2] 右の表は，北海道のA市における3月6日の過去10年間の最高気温と最低気温を表したものです。この表について，次の問いに答えなさい。
(1) 最高気温と最低気温の差が最も大きい年は何年ですか。
(2) 最高気温について，最近の5年間の平均値は，それ以前の5年間の平均値より何度低くなりましたか。小数第2位を四捨五入し，小数第1位まで求めなさい。　（各9点）（北海道）

年	最高気温（℃）	最低気温（℃）
1980	3.5	−7.9
1981	−2.3	−5.7
1982	2.8	−3.4
1983	1.0	−5.5
1984	0.1	−5.5
1985	−0.3	−9.7
1986	1.6	−9.9
1987	−3.1	−7.2
1988	−1.1	−9.3
1989	2.9	−1.5

[3] 次の◻にあてはまる数または式を入れなさい。
　体積が1 cm³の立方体Aがある。Aをいくつか集めてAより大きい立方体Bをつくり，さらにBをいくつか集めて直方体Cをつくった。その結果，直方体Cの1つの頂点に集まっている3つの面の面積は，それぞれ294 cm²，490 cm²，735 cm²になった。
(1) 294を素因数に分解すると◻である。
(2) 立方体Bの1辺の長さは◻cmである。
(3) したがって，直方体Cは立方体Bを◻個集めてつくられる。
　　　　　　　　　　　　　　　　　　（各9点）（早大学院）

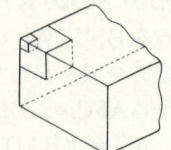

[4] 156に0でない整数aをかけたら，その結果はある整数の2乗になったという。このようなaのうちで，もっとも小さいものを求めなさい。（9点）（福島）

5 $a>b$ である a, b に対して次の式の値がつねに負になるものには○を，そうでないものには×をつけなさい。
① $-a-b$　② $-a+b$　③ $-a^2+b^2$　④ $-a^2-b^2$
⑤ $-a^2+2ab-b^2$　　　　　　　　　　　　（9点）（立命館高）

6 次のア〜エから正しいものを1つ選び，符号で答えなさい。
ア．36の平方根は6である。　　イ．$\sqrt{15}$ は4より大きい。
ウ．$\dfrac{\sqrt{2}}{\sqrt{3}}$ と $\dfrac{\sqrt{6}}{3}$ は等しい。
エ．$\sqrt{26.7}=5.167$ のとき $\sqrt{267}=51.67$ である。　　（9点）（大分）

7 2けたの自然数があり，次の①，②の両方の条件を満たしている。このような2けたの自然数を求めなさい。
① 平方根を求めると整数になる。　　② 7で割ると4余る。（9点）（茨城）

8 $a=\sqrt{2}+1$, $b=\sqrt{2}-1$ のとき，$a+b$, $a-b$, ab のうち，最も小さい値になる式はどれですか。　　　　　　　　　　　　（10点）（奈良）

≪研究≫

1 ①から十の位以下は24, 39
② 0を公倍数にいれないとすると百以下は824
③ 4より小さい素数は2と3

2 (1) （最高温度）−（最低温度）を計算する。
(2) 1985〜1989年の最高温度の平均値から1980〜1984年の最高温度の平均値をひく。

3 (2) $294=2\times3\times7^2$, $490=2\times5\times7^2$, $735=3\times5\times7^2$
(3) $2\times3\times5$（個）

4 156を素因数に分解すると $2^2\times3\times13$, $2^2\times3\times13\times a$ が整数の2乗になる。$3\times13\times a$ が $3^2\times13^2$ になる。

5 ① $-(a+b)$　② $b-a<0$
③ $-a^2<0$, $b^2>0$

④ $-(a^2+b^2)$ で，$a^2+b^2>0$
⑤ $-(a-b)^2$ で，$(a-b)^2>0$

6 ア．36の平方根は6と−6
イ．$(\sqrt{15})^2=15$, $4^2=16$
ウ．$\dfrac{\sqrt{2}}{\sqrt{3}}=\dfrac{\sqrt{2}\times\sqrt{3}}{\sqrt{3}\times\sqrt{3}}=\dfrac{\sqrt{2\times3}}{(\sqrt{3})^2}$
エ．$\sqrt{267}=\sqrt{26.7\times10}$
　　　　$=\sqrt{26.7}\times\sqrt{10}$

7 ① $\sqrt{16}=4$, $\sqrt{25}=5$, $\sqrt{36}=6$, $\sqrt{49}=7$, $\sqrt{64}=8$, $\sqrt{81}=9$
② $7\times n+4$ の n に 1, 2, 3, 4, 5, 6, 7, 8, 9, 10, 11, 12, 13 を代入する。①の中から②にあてはまる自然数。

8 $a+b=2\sqrt{2}$, $a-b=2$
$ab=(\sqrt{2}+1)(\sqrt{2}-1)=2-1=1$
$1<2<2\sqrt{2}$

時間	45分	得点		基準	A…81点以上　B…80点〜63点　C…62点以下

第52日 式と計算を中心とした問題

1 A君とB君は真直ぐな線路にそって向かい合って歩いている。いま，列車がA君のわきを22秒で通過し，A君を追い越した。その瞬間から48秒後に列車はB君に会い，18秒かかってB君とすれ違った。次の問いに答えなさい。
ただし，列車，A君，B君のいずれの速さも一定とし，A君，B君の体の厚みは考えないものとする。
(1) 列車，A君，B君の速さをそれぞれ r, a, b とするとき，
　① 列車の長さ l を r と a で表しなさい。
　② 列車の長さ l を r と b で表しなさい。
　③ 列車がB君とすれ違い終わった瞬間のA君とB君の距離 S を r と a で表しなさい。
(2) 列車がB君とすれ違い終わった瞬間から何秒後にA君とB君は出会いますか。　　　　　　　　　　　　　　　　　(各6点)(中大付高)

2 次の問いに答えなさい。　　　　　　　　　　　　　　　　(各6点)
(1) a 時間 b 分 c 秒は何分ですか。a, b, c を使って表しなさい。　(香川)
(2) x km の道のりを分速 80 m で y 分歩いた。y を x の式で表しなさい。
　　　　　　　　　　　　　　　　　　　　　　　　　　　　(新潟)

3 2178 を4倍すると 8712 となり，数字の順序がもとの数と逆になる。同じようにして，9倍するとその数字の順序がもとの数と逆になるような4けたの自然数 X を以下のようにして求めたい。次の □ には適当な式を，( ) には適当な自然数を入れよ。
(1) X の千の位の数を a，百の位の数を b，十の位の数を c，一の位の数を d とおくとき，X を a, b, c, d を用いて表すと，$X=$ □ 。
(2) 9倍しても4けたの数であることから，$a=($ 　)，また数字の順序が逆になることから，$d=($ 　)。
(3) c を b の式で表すと，$c=$ □ 。
(4) (3)で求めた式から b, c の値を求めて，$X=($ 　)。　(各5点)(同志社高)

4 次の文中の □ に，あてはまる数を入れよ。
$(x^2+ax+2)(bx^2+x-1)$ を展開したとき，x^3 の係数が -5，x^2 の係数が 0 となる定数 a, b は，$a=$ □ のとき $b=$ □ で，$a=$ □ のとき，$b=$ □ である。　　　　　　　　　　　(各5点)(東京電機大高)

5 □にあてはまる数を求めなさい。
$(ax-3)(4x+b)$ を展開したら $cx^2+2x-21$ になった。ただし，$a, b, c,$ は定数である。このとき，$c=$□ である。　　　（6点）（筑波大付高）

6 (1) $xy+3x-2y-6$ を因数分解せよ。
(2) x, y が0以上の整数のとき，
$xy+3x-2y-12=0$ を満たす x, y の組をすべて求めよ。
$x=5, y=8$ のとき，$(5, 8)$ のように答えよ。　　　（各6点）（修道高）

7 $x^2-4xy+4y^2=0$（ただし $x=y=0$ の場合を除く）のとき，次の式の値を求めよ。　　$\dfrac{x^2+3xy-y^2}{x^2+2y^2}$ 　　　（6点）（開成高）

8 $P=a^2+2ab-3b^2$ とする。
(1) P を因数分解せよ。
(2) $P=0$ のとき，$S=\dfrac{a^2-2ab-15b^2}{a^2-2ab-8b^2}$ の値を求めよ。
ただし，a は0でないとする。　　　（各5点）（青雲高）

≪研　究≫

1 (1) ① $(r-a)$ の速さで22秒
② $(r+b)$ の速さで18秒の長さ
③ $(48+18)$ 秒間にAと列車にできた距離
(2) S を $a+b$ でわる。
$a+b=(r+b)-(r-a)$,
$r+b=\dfrac{l}{18}=\dfrac{22}{18}(r-a)$

2 (1) a 時間 $=60a$ 分
(2) x km $=1000x$ m

3 (3) $9(1000+100b+10c+9)$
$=9000+100c+10b+1$
(4) $c=89b+8$ から，$b=0, c=8$

4 x^3 の係数は $1+ab$，x^2 の係数は $-1+a+2b$

5 $(ax-3)(4x+b)$ を展開して係数を比べると，
$4a=c, ab-12=2, -3b=-21$
$b=7$ を $ab-12=2$ に代入して，$a=2$

6 (1) $x(y+3)-2(y+3), y+3$ を A とおくと，$xA-2A=A(x-2)$
(2) (1)から，$(y+3)(x-2)=6$，積が6になる2数は，
$(1, 6), (2, 3), (3, 2), (6, 1)$

7 $x^2-4xy+4y^2$ を因数分解すると，$(x-2y)^2, (x-2y)^2=0$ から，
$x-2y=0, x=2y$
$x=2y$ を $\dfrac{x^2+3xy-y^2}{x^2+2y^2}$ に代入すると，
$\dfrac{(2y)^2+3\times 2y\times y-y^2}{(2y)^2+2y^2}$

8 (1) 積が $-3b^2$，和が $2b$ になるのは，$3b$ と $-b$
(2) (1)から，$(a+3b)(a-b)=0$
$S=\dfrac{(a+3b)(a-5b)}{(a+2b)(a-4b)}$

時間	50分	得点		基準	A…75点以上　B…74点〜40点　C…39点以下

第53日

方程式を中心とした問題

1 弟が歩いて家を出てから15分後に，兄は自転車で弟を追いかけた。弟と兄の速さをそれぞれ毎分60m，240mとすると，兄は家を出てから何分後に弟に追いつくか求めなさい。　　　　　　　　　　　　　　(10点)（福島）

2 A君，B君，C君は，はじめにそれぞれ27個，21個，6個のみかんを持っていた。この3人に同じ個数のみかんをくばったところ，A君とB君が持っているみかんの個数の和は，C君が持っている個数の5倍になった。C君が持っているみかんは何個になりましたか。　　　　　　　(10点)（愛知）

3 ある中学校で，通学路に捨てられている空き缶を集めた。同じ大きさのアルミ缶とスチール缶が合わせて1140個集まり，その総重量は38kgであった。アルミ缶1個の重さが20g，スチール缶1個の重さが60gのとき，アルミ缶の個数をx個として方程式を完成し，それぞれの缶の個数を求めなさい。
　　　　　□=38000　　　　　　　　　　　　　(各10点)（三重）

4 ボールとそれを入れるための箱がそれぞれ何個かある。1箱に90個ずつボールを入れていくと，17個のボールが入らずに残った。また，同じ個数の箱に100個ずつボールを入れていくと，最後の1箱には7個しか入らなかった。ボールは全部で何個ありますか。　　　　　　　　　　　　　(10点)（広島）

5 ある学級の女子生徒数は22人である。男子生徒数はこの学級全体の生徒数の$\frac{1}{2}$より4人少ないという。この学級の男子生徒を求めなさい。(10点)（大分）

6 空気中での音の速さは，気温によって変わることが知られている。その変化のようすは，気温がx°Cのとき，毎秒$(331+0.6x)$mと表される。夏の夜空を家からながめていると，1730m離れた花火会場で大きな花火が上がるのが見えて，それから5秒後にドーンという音が聞こえた。このときの気温を求めなさい。　　　　　　　　　　　　　　　　(10点)（東京工大附工業高）

7 図書部員で図書のラベルはりをすることになった。部員数は1年生は2年生より6人多く，3年生は2年生より4人少ない。また，1人が1日ではることのできる冊数は，2年生と3年生は同じで，1年生はその半分である。1年

生だけで全部のラベルはりをすると，はり終わるのにちょうど8日かかり，2年生だけではちょうど5日かかるという。3年生の部員は何人か。

(10点)(日本女子大付高)

8　川の下流にあるA地点から上流にあるB地点までボートで行き，再びA地点にボートで帰った。行きは15分間こいで5分間休むことを繰り返し，帰りは10分間こいで5分間休むことを繰り返したところ，行きも帰りも75分かかった。静水でボートをこぐ速さは毎分60mで，休んでいるとき，ボートは川に流されるままにしていた。

(1) 川の流れの速さを毎分 x m とすると，AB間の道のりは何 m か。x を用いて2通りに表せ。

(2) AB間の道のりを求めよ。　　　　　　(各10点)(桐朋高)

≪研　究≫

1　兄は家を出てから x 分後に弟に追いつくとすると，$60(15+x)$ と $240x$ は等しい。

2　3人に同時にみかんを x 個くばったとすると，A君は $(27+x)$ 個，B君は $(21+x)$ 個，C君は $(6+x)$ 個になる。$27+x+21+x$ が $6+x$ の5倍になる。

3　アルミ缶の個数を x 個とすると，
スチール缶の個数は $(1140-x)$ 個，
アルミ缶の重さは $20x$ g，
スチール缶の重さは $60(1140-x)$ g，
両方を合わせた重さが 38000 g，
重さの単位を g にそろえる。

4　箱の数を x 箱とすると，ボールの個数は，
　　$90x+17$(個)，$100(x-1)+7$(個)
の2通りに表せる。
ボールの数を x 個とすると，箱の数は，
　　$\dfrac{x-17}{90}$ 箱，$\dfrac{x-7}{100}+1$(箱)
の2通りに表せる。

5　学級全体の人数を x 人とすると，
　男子生徒は $\dfrac{1}{2}x-4$(人)
　女子生徒は 22 人

6　家から花火会場までの距離は
　$5(331+0.6x)$ m，1730 m の2通りに表せる。

7　2年生を x 人とすると，1年生は $x+6$(人)
　$5x$ と $\dfrac{8(x+6)}{2}$ とが等しい。

8　(1) 川の上りで考えると，ボートの分速は　$60-x$ (m)
　　川の下りの分速は $60+x$ (m)
　行きは，$75=15\times4+5\times3$ から60分こいで，15分休み
　帰りは，$75=10\times5+5\times5$ から50分こいで，25分休んだことになる。
　$60(60-x)-15x$ と，
　$50(60+x)+25x$ の2通りに表せる。

時間	70分	得点		基準	A…70点以上　B…69点〜50点　C…49点以下

第54日

連立方程式を中心とした問題

1　A君, B君が碁石を持っている。A君が持っている碁石の $\dfrac{1}{4}$ を, また, B君の持っている碁石の $\dfrac{1}{3}$ をそれぞれ相手にわたしたところ, A君の碁石の数は, B君の碁石の数の2倍になったという。はじめのA君の碁石の数は, B君の碁石の数の □ 倍である。　　　(10点)（筑波大付高）

2　文化祭で映画と音楽を鑑賞する会を計画し, 3年生の全生徒一人一人に, どちらか一方だけを希望させて数を調べた。その結果, 映画鑑賞を希望する生徒数と音楽鑑賞を希望する生徒数の比が7：4であった。その後, 映画鑑賞を希望していた生徒のうち3名が音楽鑑賞の方に希望を変更したので, 映画鑑賞を希望する生徒数と音楽鑑賞を希望する生徒数の比が8：5になった。3年生の全生徒数を求めなさい。　　　(10点)（山形）

3　連立方程式 $\begin{cases} x+y=6 \\ x-y=2a \end{cases}$ の解が, 方程式 $2x-3y=1$ をみたすとき, a の値とこの連立方程式の解を求めよ。　　　(10点)（栃木）

4　1から10までの自然数が書いてある10本のくじがある。それぞれのくじには自然数が1つだけ書いてあり, 書いてある数はすべて異なっている。
　A, B2人は, このくじを1回目はそれぞれが2本ずつひき, 2回目は残りの6本からそれぞれが2本ずつひいた。ひいたくじに書いてある数の和を得点として2人の得点をくらべると, 1回目はAがBの3倍であり, 2回目はBがAの3倍であった。また, Aの1回目と2回目の得点の和とBの1回目と2回目の得点の和とをくらべるとAがBより4点多く, A, B2人の得点をすべて加えると40点であった。次の問いに答えよ。
(1)　Aの得点のうち, 1回目を x 点, 2回目を y 点として, x, y の値を求めよ。求め方も書け。
(2)　最後に残った2本のくじに書いてある数はそれぞれいくらか。
　　　(各9点)（大阪）

5　兄と弟が同時に同じ速さで, 家から20 km離れた市場へ自転車で出かけた。途中のA地点で兄は速さを毎時5 km増し, 弟は同じ地点で速さを毎時5 km減らしたところ, 家を出てから市場に着くまでに兄は1時間, 弟は1時間30分かかった。家を出たときの兄弟の自転車の速さを毎時 x km, 家からA地点まで行くのにかかった時間を y 時間として, x, y の値を求めよ。(10点)（愛光高）

6　ある中学校の本年度の生徒数は, 昨年度にくらべると, 男子の生徒数は10％, 女子の生徒数は5％それぞれ増加したので, 全体としては7％増加し

た。昨年度の全生徒数は 300 人であった。このとき，次の問いに答えなさい。
(1) 本年度の全生徒数を求めよ。
(2) 昨年度の男子の生徒数を x 人とするとき，本年度の男子の生徒数を x を用いて表せ。
(3) 本年度の男子，女子の生徒数をそれぞれ求めよ。　　　　　　(各 8 点)（宮崎）

7　長さ 45 cm の線分を 6 つの線分に分け，そのうちの 4 つで長方形 ABCD をつくる。残り 2 つの線分で，図のように長方形 ABCD を面積の等しい 3 つの長方形に分ける。AB＝x cm とするとき，次の問いに答えよ。
(1) 長方形 ABCD の面積を x を用いて表せ。
(2) 長方形 ABCD の面積を 63 cm² にするには，x をいくらにすればよいか。
(各 9 点)（灘高）

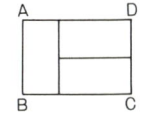

≪研　　究≫

1　はじめの A 君の碁石の数を x 個，B 君の碁石の数を y 個とすると，A 君は，$\frac{3}{4}x+\frac{1}{3}y$(個)，B 君は，$\frac{2}{3}y+\frac{1}{4}x$(個)になるから，
$$\frac{3}{4}x+\frac{1}{3}y=2\left(\frac{2}{3}y+\frac{1}{4}x\right)$$

2　はじめの映画鑑賞希望者を x 人，音楽鑑賞希望者を y 人とすると，
$x:y=7:4$，$(x-3):(y+3)=8:5$

3　連立方程式 $\begin{cases} x+y=6 \\ 2x-3y=1 \end{cases}$ を解くと，$x=\frac{19}{5}$，$y=\frac{11}{5}$，この値を方程式 $x-y=2a$ に代入する。

4　(1) 1 回目は A が x 点，B が $\frac{x}{3}$ 点，2 回目は A が y 点，B が $3y$ 点
$$x+y=\frac{x}{3}+3y+4,$$
$$x+y+\frac{x}{3}+3y=40$$
(2) 残り 2 本の数の和は 55－40＝15，A の 1 回目は 8 と 10，2 回目は 1 と 3，B の 1 回目は 2 と 4，2 回目は 5 と 7

5　兄について，$xy+(x+5)(1-y)=20$，$x-5y=15$，弟について，$xy+(x-5)(1.5-y)=20$，$1.5x+5y=27.5$

6　(1) $300\times(1+0.07)$(人)
(2) $x+x\times 0.1=x+0.1x=1.1x$(人)
(3) 昨年度の男子を x 人，女子を y 人とすると，
$$\begin{cases} x+y=300 \\ 0.1x+0.05y=300\times 0.07 \end{cases}$$
この連立方程式を解くと，$x=120$，$y=180$，本年度の男子は，$120\times 1.1=132$(人)，女子は $321-132=189$(人)

7　(1) 左側の長方形を ABFE とすると，
AE：ED＝BF：FC＝1：2，AE＝y cm とすると，
$3x+8y=45$，
長方形 ABCD の面積は，
$$3xy=3x\times\frac{45-3x}{8}$$
(2) $\dfrac{9x(15-x)}{8}=63$ を解く。

| 時間 | 50 分 | 得点 | | 基準 | A…80 点以上　B…79 点〜43 点　C…42 点以下 |

第55日 一次関数を中心とした問題

1 $y-2$ は $x+3$ に比例し，$x=-2$ のとき $y=5$ である。$x=2$ のときの y の値を求めよ。　　　　　　　　　　　　　　　　（7点）（広島大付高）

2 ある量の水を熱した。このとき，熱し始めてからの時間と温度との関係を調べたところ，右の表のようになった。

時間(分)	1	3	5	7	9
温度(°C)	22	34	46	58	70

熱し始めてから x 分後の水の温度を y°C として，次の(1)，(2)に答えなさい。ただし，$1 \leq x \leq 9$ とする。

(1) 1分経過するごとに何度あがるかを求めなさい。
(2) y を x の式で表しなさい。　　　　　　　　　　　　（各7点）（山梨）

3 お母さんが，A町から6km離れたB町にいる春子さんを迎えに行くことにした。

お母さんはA町から自動車でB町へ向かい，春子さんはB町から徒歩でA町へ向かって同時刻に出発し，同じ道路をそれぞれ一定の速さで進むものとする。

出発してからの時間 x(分)	0 …	6 …
母のA町からの距離 y(m)	0 …	4500 …
春子のA町からの距離 y(m)	6000 …	5500 …

上の表は，2人が出発してからの時間 x 分後のA町からの距離 y m を表したものである。

次の(1)～(4)の問いに答えよ。
(1) 2人が出発してからの時間 x 分とA町からの距離 y m との関係を表すグラフを，それぞれについてかけ。ただし，グラフは2人が出発してから出会うまでの時間の範囲とする。
(2) 母は1分間に何 m 進むか。
(3) 春子について，出発してからの時間 x 分とA町からの距離 y m との関係を式で表せ。
(4) 2人が出会うのは，A町から何 m 離れた地点か。　（各7点）（岐阜）

4 右の図のように，AB＝9cm，BC＝12cm の長方形 ABCD がある。点 P は点 B を出発して，長方形の辺上を矢印の方向に，点 A まで進む。最初の 5 秒間は毎秒 3 cm の速さで進み，その後は，毎秒 2 cm の速さで点 A まで進むものとする。これについて，次の(1)，(2)に答えよ。
(1) 点 P が，点 B を出発して，点 A まで進むのにかかる時間を求めよ。
(2) 点 P が点 B を出発して x 秒後に，3点 B，C，P によってできる三角形の面積を y cm² とする。ただし，x の変域を $5 \leq x \leq 8$ とする。このとき，y を x の式で表せ。　　　　　　　　　　　　　　　（各7点）（広島）

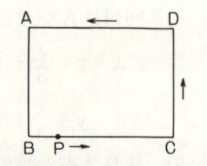

5 右の図のように，2点 A(1, 1)，B(5, 4)を通る直線 l と，点Aを通り，傾き3の直線 m がある。点Bを通り，x 軸に平行な直線が直線 m と交わる点をCとする。 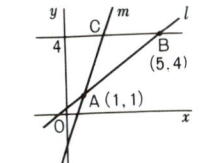
(1) 直線 l の傾きを求めよ。
(2) 直線 m の式を求めよ。
(3) 点Cの座標を求めよ。
(4) 線分ABの長さを求めよ。
(5) 直線 l に平行な直線を線分AC，BCと交わるようにひき，その交点をそれぞれD，Eとする。三角形ABCの面積が三角形DECの面積の4倍となるとき，直線DEの式を求めよ。(各6点)（長崎）

6 xy 平面上の4点 O(0, 0)，A(5, 0)，B(5, 3)，C(0, 3)を頂点とする長方形OABCがある。直線 $y = -2x + k$ が長方形OABCの面積を2等分するとき，k の値を求めよ。（7点）（中大杉並高）

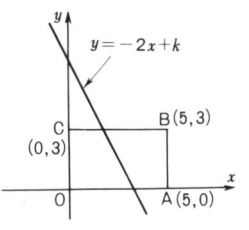

≪研　　究≫

1 $y - 2 = a(x + 3)$ に $x = -2$，$y = 5$ を代入して a を求める。

2 (1) 表から2分経過すると12° あがることがわかる。
(2) $y = 6x + b$ に $x = 1$，$y = 22$ を代入すると，
$22 = 6 \times 1 + b$，$b = 16$

3 (2) 6分間に，4500 m 進む。
(3) 春子は1分間に $\dfrac{500}{6}$ m 進むから，
$y = 6000 - \dfrac{250}{3} \times x$
(4) $y = 750x$ と(3)の方程式を連立方程式として解く。

4 (1) BからAまで33 cm であるから，$5 + (33 - 3 \times 5) \div 2$(秒)
(2) Pが辺CD上にあるときである。
BC = 12 cm，
CP = $3 + 2 \times (x - 5) = 2x - 7$

5 (1) $\dfrac{4-1}{5-1} = \dfrac{3}{4}$
(2) $y = 3x + b$ に $x = 1$，$y = 1$ を代入して b を求める。
(3) $y = 3x - 2$ に $y = 4$ を代入して x 座標を求める。
(4) 三平方の定理により，
$AB^2 = (5-1)^2 + (4-1)^2$
(5) △DEC∽△ABC，
DC : AC = 1 : 2，
DはACの中点である。

6 直線 $y = -2x + k$ は長方形を2等分するとき，対角線の交点（対角線の中点）を通る。線分OBの中点は $\left(\dfrac{5}{2}, \dfrac{3}{2}\right)$ である。$y = -2x + k$ に代入すると，
$\dfrac{3}{2} = -5 + k$

時間	50分	得点		基準	A…86点以上　B…85点〜51点　C…50点以下

第56日

関数 $y=ax^2$ を中心とした問題

1 関数 $y=3x^2$ について次の(1)〜(5)の文のうち，正しいものを2つ選び，その記号を書きなさい。
(1) y は x の2乗に比例し，比例定数は3である。
(2) $x=-2$ のときの y の値は -12 である。
(3) $y=27$ のときの x の値は3である。
(4) x の値が2から4まで増加するときの変化の割合は18である。
(5) x の値が $-1 \leqq x \leqq 2$ のとき，y の変域は $3 \leqq y \leqq 12$ である。 （12点）（徳島）

2 右の図は次の関数のグラフです。
$$y=-\frac{4}{3}x+4 \quad \cdots\cdots\cdots\text{①}$$
$$y=ax^2 \ (a>0, \ a \text{は定数}) \quad \cdots\cdots\cdots\text{②}$$ 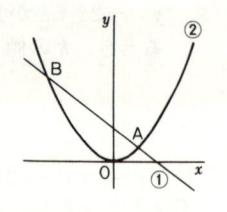
いま，①，②のグラフの交点をA，Bとするとき，次の問いに答えなさい。
(1) 関数 $y=-\frac{4}{3}x+4$ について，x が3増加するとき，y はいくら増加しますか。
(2) 交点Aの x 座標の範囲が $1 \leqq x \leqq 2$ であるとき，$y=ax^2$ の a の値の範囲を求めなさい。
(3) 交点Bの y 座標が12であるとき，交点Bの原点Oに関して対称な点の座標を求めなさい。
(4) 関数 $y=-\frac{4}{3}x+4$ について，x の変域が $-9 \leqq x \leqq 6$ のときの y の変域を求めなさい。
（各7点）（北海道）

3 右の図は，関数 $y=-x^2$ と関数 $y=-2x-3$ のグラフで，2点 A$(-1, -1)$，B$(3, -9)$ は2つのグラフの交点である。また，点Bを通り x 軸に平行な直線が，図の放物線と交わるもう1つの交点をCとする。これをもとにして，下の(1)〜(4)に答えなさい。 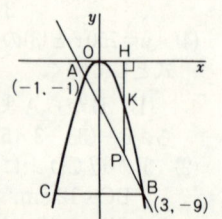
(1) 直線ABと x 軸との交点の座標を求めなさい。
(2) 点Cを通り，直線ABと平行な直線の式を求めなさい。
(3) 点Aと x 軸について対称な点をD，点Bと原点Oについて対称な点をEとするとき，2点D，Eを通る直線の式を求めなさい。

(4) 線分 AB 上を動く点Pがある。点Pから x 軸に垂線 PH をひき，PH と放物線の交点をKとするとき，PK：KH＝4：1 となる点Pの座標を求めなさい。

(各7点)（石川）

4 直線 l は，x 軸上の点 A$(-6, 0)$ と，y 軸上の点 C$(0, 3)$ を通り，放物線 $y=ax^2$，および $y=bx^2$ と図のように交わっている。△AOB と △BOD の面積が等しく，また △BOC と △COD の面積が等しいとき，次の問いに答えよ。
(1) 直線 l の式を求めよ。
(2) AC：CD の値を求めよ。
(3) a の値を求めよ。
(4) 点Eの座標を求めよ。

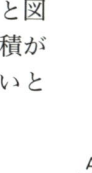

(各8点)（神奈川大付高）

≪研　究≫

1 (2) $x=-2$ のとき，
$y=3×(-2)^2=3×4=12$
(3) $y=27$ のとき，$27=3x^2$，$x=±3$
(5) $x=2$ のとき $y=12$，
$x=0$ のとき $y=0$

2 (1) $-\dfrac{4}{3}×3$ だけ増加する。
(2) $y=ax^2$ に $x=1$，$y=-\dfrac{4}{3}+4=\dfrac{8}{3}$
を代入すると，$\dfrac{8}{3}=a×1^2$，$x=2$，
$y=-\dfrac{4}{3}×2+4=\dfrac{4}{3}$ を代入すると，
$\dfrac{4}{3}=a×2^2$
(3) Bの x 座標は $y=-\dfrac{4}{3}x+4$ に
$y=12$ を代入して，$12=-\dfrac{4}{3}x+4$ から，$x=-6$
(4) $y=-\dfrac{4}{3}x+4$ に $x=-9$，$x=6$ を代入する。

3 (1) x 座標は $y=-2x-3$ に $y=0$ を代入する。
(2) $y=-2x+b$ に $x=-3$，$y=-9$ を代入して b を求める。
(3) D$(-1, 1)$ と E$(-3, 9)$ を通る直線の式
(4) $(2x+3-x^2):x^2=4:1$ から，方程式 $4x^2=2x+3-x^2$，$5x^2-2x-3=0$ を解いて，x 座標を求める。

4 (1) 2点A，Cを通る。傾き $\dfrac{1}{2}$，切片3の直線である。
(2) AB：BC：CD＝2：1：1
(3) Dの x 座標は $6:x=3:1$ から，$x=2$，
y 座標は (1)から $y=\dfrac{1}{2}×2+3=4$，
$y=ax^2$ に $(2, 4)$ を代入する。
(4) D$(2, 4)$，B は AD の中点から，B$(-2, 2)$，$y=bx^2$ に代入して $b=\dfrac{1}{2}$

| 時間 | 40分 | 得点 | | 基準 | A…80点以上　B…79点〜46点　C…45点以下 |

第57日 確率を中心とした問題

1 右の図のように三角形の辺上に7個の点がある。この7個の点から3個を選び，それらを頂点とする三角形をつくる。このとき，次の問いに答えなさい。

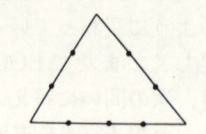

(1) 各辺から1個ずつの点を選んだ場合，三角形は □ 個できる。

(2) 1つの辺から2個の点を選び，他の辺から1個の点を選んだ場合，三角形は □ 個できる。　　　　　　　　（各11点）（福岡大付大濠高）

2 どの球にも，1つずつ数字を書いてA，B，Cの袋に入れてある。

Aの袋には，1から4までの数字を1つずつ書いた球が4個，Bの袋には，1から3までの数字を1つずつ書いた球が3個，また，Cの袋には，1から2までの数字を書いた球が2個，それぞれ入れてある。

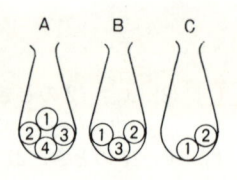

このとき，次の(1)，(2)の問いに答えなさい。

(1) A，Bの2つの袋から，それぞれ1個ずつ合計2個の球を取り出すとき，その2個の球に書かれている数の積が3の倍数になる取り出し方は何通りあるか求めなさい。

(2) A，B，Cの3つの袋から，それぞれ1個ずつ合計3個の球を取り出すとき，その3個の球のうちの2個の球に書かれている数の和が，もう1個の球に書かれている数に等しくなる確率を求めなさい。

ただし，Aの袋から球を取り出すとき，どの球の出かたも同様に確からしいものとする。B，Cの袋についても同様とする。　　（各11点）（千葉）

3 1の数字を書いたカードが1枚，2の数字を書いたカードが2枚，3の数字を書いたカードが2枚あります。

この5枚のカードをよくきって，そのなかから1枚ずつ2回続けてとり出し，とり出した順にならべるとき，2枚とも同じ数字のカードがならぶ確率を求めなさい。　　　（11点）（埼玉）

4 長さが 3 cm, 4 cm, 5 cm, 6 cm, 7 cm, 8 cm の 6 本の棒がある。同時にどれか 3 本をとりだす。
　次の各問に答えなさい
(1) 3 本のとりだし方は，全部で何通りあるか。
(2) とりだした 3 本をまっすぐにつないだときに，その長さが 14 cm 以下となる確率を求めなさい。
(3) とりだした 3 本の端をつないで三角形を作るとき，三角形ができる確率を求めなさい。　　　　　　　　　　　　　　　　　　（各 11 点）（専修大付高）

5 1 つのさいころを続けて 2 回投げるとき，1 回目に出る目の数を a とし，2 回目に出る目の数を b とする。$b+3 \leq 2a$ となる確率を求めなさい。ただし，さいころはどの目の出る確率も等しいとする。　　　　　（12 点）（都立工専）

≪研　　究≫

1 (1) $2 \times 3 \times 2$
(2) $3 \times 4 + (2+3) \times 2$

2 (1) Aの 3 に対しBの 3 通り，Bの 3 に対しAの 4 通りがある。
　　$3+4-1=6$
(2) すべての場合の数は $4 \times 3 \times 2$，Aの 2 に対し 1 通り，3 に対し 2 通り，4 に対し 2 通り，Bについて 3 通り，Cについて 1 通り等しくなる場合がある。

3 2 枚取り出す方法は 5×4 通り，2 枚とも同じ数字がならぶ場合は 2×2 通りである。

4 (1) $\dfrac{6 \times 5 \times 4}{3 \times 2 \times 1}$
(2) 14 cm 以下になるのは
　(3, 4, 5), (3, 4, 6),
　(3, 4, 7), (3, 5, 6)
の 4 通り
(3) 2 辺の和が第 3 辺より大，2 辺の差が第 3 辺より小，17 通りある。

5 $a=2$ のとき $b \leq 1$,
　$a=3$ のとき $b \leq 3$,
　$a=4$ のとき $b \leq 5$, …
のように調べる。

時間	50 分	得点		基準	A…81 点以上　　B…80 点～45 点　　C…44 点以下

第58日

合同・相似を中心とした問題

1 「右の図で，点Oが線分 AB，CD のそれぞれの中点ならば，AC=BD である。」
　このことを証明するために，△OAC と△OBD が合同となることを示したい。
　△OAC≡△OBD となる理由を，次のア～エのうちから選び，その記号を書け。 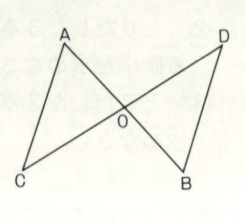
ア．OA=OB，OC=OD，AC=BD
イ．OA=OB，OC=OD，∠AOC=∠BOD
ウ．OC=OD，AC=BD，∠OCA=∠ODB
エ．OA=OB，∠AOC=∠BOD，∠OAC=∠OBD
（7点）（東京）

2 右の図のように，平行四辺形 ABCD を対角線 BD で折り返し，A に対応する点を E とし，BC と DE の交点を F とする。また，AB と CE をそれぞれ延長したときの交点を G とする。このとき，次の各問に答えなさい。 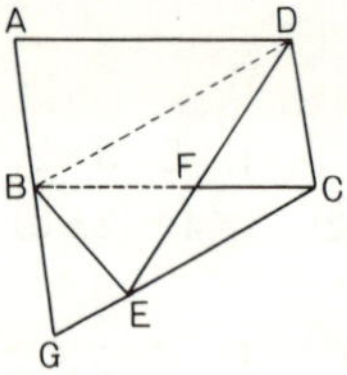
(1) △FBE と△FDC が合同であることを証明しなさい。
(2) BF：FC=2：1 であるとき，△FEC の面積と平行四辺形 ABCD の面積の比を，最も簡単な整数の比で表しなさい。
(3) AD=BD，∠ADB=40° であるとき，∠BEG の大きさを求めなさい。
（各7点）（三重）

3 AB=6 cm，BC=5 cm，CA=4 cm の△ABC において∠A の2等分線に，B，C より垂線 BD，CE をひく。BC の中点を M，DE の中点を N とするとき，次の各問に答えなさい。 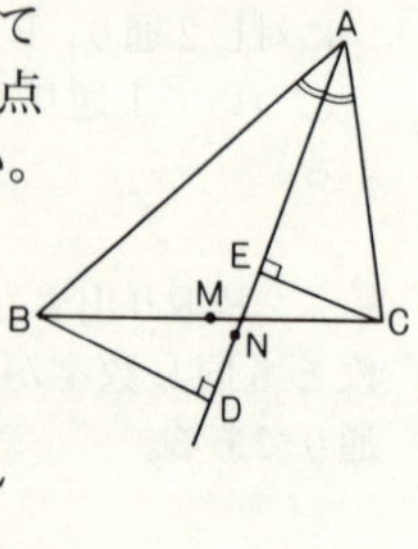
(1) $\dfrac{MN}{BD}$ の値を求めなさい。
(2) MD の長さを求めなさい。（各7点）（東京学芸大付高）

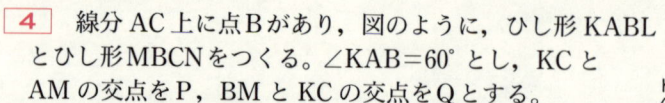

4 線分 AC 上に点 B があり，図のように，ひし形 KABL とひし形 MBCN をつくる。∠KAB=60° とし，KC と AM の交点を P，BM と KC の交点を Q とする。 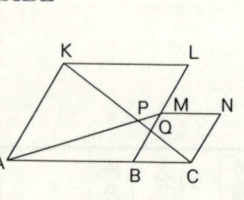
(1) △PQM と相似な三角形をすべて書きなさい。
(2) AB=2 cm，BC=1 cm とするとき，
① KC の長さを求めなさい。
② PQ の長さを求めなさい。　（各7点）（長野）

5 平行四辺形 ABCD について，右図のように，辺 CD，DA の中点をそれぞれ M，N とし，さらに線分 AM と BN の交点を P とする。次の問いに答えなさい。 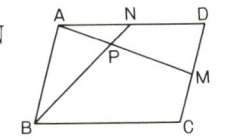
(1) AP：PM の比を求めなさい。
(2) BP：PN の比を求めなさい。
(3) 平行四辺形 ABCD の面積が 40 cm² のとき，△APN の面積を求めなさい。　　（各7点）（共立女子高）

6 右の図のように，円すい形の水槽が，底面を水平にして置かれている。この水槽の側面の展開図は，半径が 90 cm，中心角が 120° のおうぎ形である。 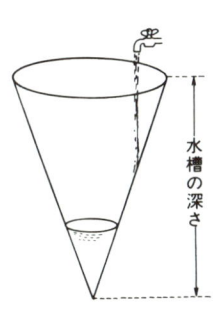
　このとき，次の各問いに答えよ。
(1) この水槽の底面の円の半径は何 cm か。
(2) この水槽に，その深さの $\frac{1}{2}$ まで水が入っているとする。いま，これに毎分 $\sqrt{2}\pi$ リットルずつ給水すると，満水になるまで何分何秒かかるか。　（各8点）（国立工専）

≪研　　究≫

1 仮定から OA=OB, OC=OD, 対頂角は等しいから，∠AOC=∠BOD

2 (1) 四角形 ABCD は平行四辺形であるから，EB=BA=CD，∠BEF=∠BAD=∠DCF，対頂角だから ∠BFE =∠DFC
(2) △FEC∽△FDB，相似比は 1：2
(3) ∠BEG=180°−(∠BED+∠FEC)

3 (1) AD と BC の交点を P とすると，PB：PC=AB：AC=3：2，PB=3，PC=2，△PBD で MN∥BD
(2) AC の延長と BD の延長との交点を F とすると，D は BF の中点，CF=2MD

4 (1) △ABM≡△KBC
(2) ① △ABK は正三角形，K から AC に垂線 KH をひく。
② QM=BM−BQ=$1-\frac{2}{3}=\frac{1}{3}$
　PQ：QM=AK：KC

5 (1) BN の延長と CD の延長との交点を Q とする。
CQ=2AB，AP：PM=AB：MQ
(2) AM の延長と BC の延長との交点を R とする。
(3) △APN：△ABN
=PN：BN=1：5

6 (1) 底面の半径を r cm とすると，
$2\pi r = 2\pi \times 90 \times \frac{120}{360}$
(2) 水槽の深さは，
$\sqrt{90^2-30^2}=60\sqrt{2}$ (cm)
水槽の容積は，
$\frac{1}{3}\times\pi\times30^2\times60\sqrt{2}$ cm³

時間	50分	得点		基準	A…77点以上　B…76点～49点　C…48点以下

第59日

三平方の定理を中心とした問題

1 ある直角三角形の3辺をそれぞれ同じ長さだけ短くすると，残りの長さが 5cm, 12cm, 14cm になった。もとの直角三角形の斜辺の長さを求めよ。
(10点)(高知)

2 次の4つの図形の周および面積について，次の各問いに答えなさい。

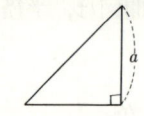

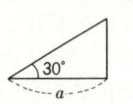

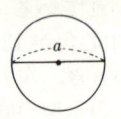

①正三角形　②直角二等辺三角形　③直角三角形　④円

(1) 周の長さの大きい順に番号を記入しなさい。
　　□>□>□>□
(2) 面積の大きい順に番号を記入しなさい。
　　□>□>□>□
(各10点)(東海大付浦安高)

3 右の図で，円Oは正三角形ABCの内接円で，半径は6cmです。このとき，かげ（　）をつけた部分の面積を求めなさい。ただし，円周率をπとし，根号はつけたままで答えなさい。(10点)(埼玉)

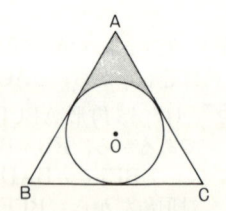

4 右の図は，AB=6cm, AD=8cmの長方形ABCDです。
　対角線ACとBDの交点をMとし，辺AD上にPA=PCとなるように，点Pをとります。
　このとき，線分PMの長さを求めなさい。
(10点)(埼玉)

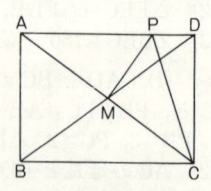

5 ∠A=∠B=∠R, AB=8cm, BC=4cm, AD=3cm の台形があるとき，点Eを辺AB上に∠DEC=∠Rとなるようにとるには，AEの長さを何cmにすればよいですか。(10点)(国学院高)

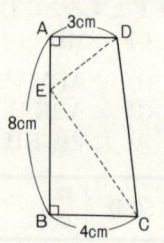

6 底面の直径が 4 cm の直円柱の容器の中に，大きさの等しい鉄球が右の図のような状態で入り安定しています。 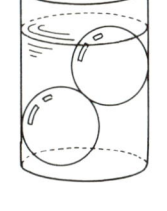
(1) この容器に水を注ぎ，上の球がちょうど水にかくれたときの水の深さは 6 cm でした。球の半径を r cm として，式を立てて半径を求めなさい。
(2) さらに，この球を 2 つとも取り出すと水面の高さが，h cm さがりました。球の半径を r cm として，h を r の式で表しなさい。　　　　　　　(各 10 点)(帝塚山高)

7 図のような直方体 ABCD-EFGH がある。AB=AD=12 cm，AE=6 cm とし，辺 EF および EH の中点をそれぞれ P，Q とする。次の問いに答えよ。 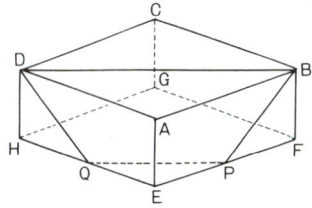
(1) 四角形 BDQP の面積を求めよ。
(2) 頂点 A より四角形 BDQP に下ろした垂線の長さを求めよ。　(各 10 点)(市川高)

≪研　　究≫

1 x cm 短くしたとすると，
$(5+x)^2+(12+x)^2=(14+x)^2$

2 (1) ②の 3 辺は a，a，$\sqrt{2}a$，
③の 3 辺は $\frac{\sqrt{3}}{3}a$，a，$\frac{2\sqrt{3}}{3}a$
(2) ③の面積は $\frac{1}{2}\times a\times\frac{\sqrt{3}}{3}a$

3 O から辺 AB，AC に垂線 OD，OE をひく。∠DOE=120°，AD=AE=$6\sqrt{3}$ cm，四角形 ADOE の面積から，おうぎ形 ODE の面積をひく。

4 PA=PC，M は AC の中点であるから，PM⊥AC，△APM∽△ACD から
AM：AD=PM：CD，AM=$\frac{1}{2}$AC，
AC=$\sqrt{6^2+8^2}$=10(cm)

5 AE=x cm とすると，
ED²=x^2+3^2，EC²=$(8-x)^2+4^2$，
また，CD²=8^2+1^2，
△CED は直角三角形であるから，
ED²+EC²=CD²

6 (1) 2 つの球の中心を通る平面で切った断面図で考える。2 つの球の中心間は $2r$ cm，
$(4-2r)^2+(6-2r)^2=(2r)^2$
(2) へった水の量は 2 つの球の体積である。$\pi\times 2^2\times h=\frac{4}{3}\pi r^3\times 2$

7 (1) BD=$12\sqrt{2}$ cm，
PQ=$6\sqrt{2}$ cm，
P から BD に垂線 PR をひくと，
BR=$(12\sqrt{2}-6\sqrt{2})\div 2$
=$3\sqrt{2}$ (cm)，BP=$6\sqrt{2}$ cm
(2) 四角すい A—BDQP の体積は
$\frac{1}{3}\times\frac{1}{2}\times 12\times 12\times 12\times\frac{7}{8}-\frac{1}{3}\times\frac{1}{2}$
$\times 6\times 6\times 6=216$(cm³)，
(1)から $\frac{54\sqrt{3}h}{3}=216$

| 時間 | 50 分 | 得点 | | 基準 | A…80 点以上　B…79 点〜50 点　C…49 点以下 |

第60日

円を中心とした問題

1 右図で，M，N は △ABC の外接円の周上の点で，$\overarc{AM}=\overarc{MB}$，$\overarc{AN}=\overarc{NC}$ である。∠BAC=52° のとき，∠MBN の大きさは何度か。　　　　　　　　　　（8点）（愛知）

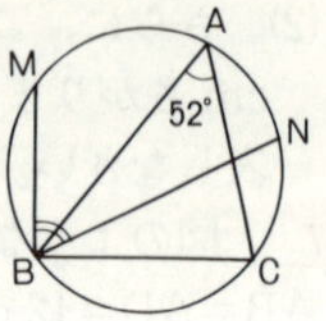

2 右図において，A は BC を直径とする円 O の円周上にあり，AB=AC となる点である。D は A から BC に平行にひいた直線上にあり，AD=BC となる点である。BD と AC との交点を E，BD と円 O との交点を F とする。次の問いに答えよ。
(1) △ABE∽△FDC を証明せよ。 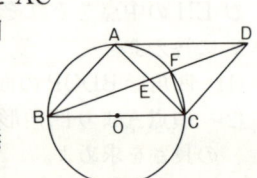
(2) AB=4 cm として，BE の長さを求めよ。答えは無理数のままでよい。
(3) △FDC の面積を S として，△ABE，△FCE の面積をそれぞれ S を用いて表せ。　（各8点）（大阪）

3 右の図のように，直径が 10 cm の円 O の周上に 2 点 A，B があり，AB=8 cm とする。点 P は点 A を出発し，弦 AB 上を毎秒 2 cm の速さで，矢印の方向に点 B まで移動する。また，点 P を通る直径が円 O と交わる点を C，D とし，点 A における接線を AT とする。これについて，次の(1)～(3)に答えよ。 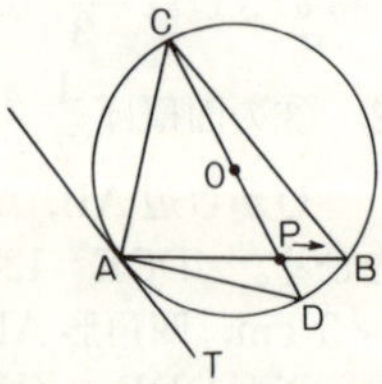
(1) △APD∽△CPB であることを証明せよ。
(2) AC=AD となったとき，∠TAD の大きさを求めよ。
(3) △APD と △CPB の面積比が 1：4 となるのは，点 P が点 A を出発して何秒後か。　（各7点）（広島）

4 図のように円周上の 2 点 A，D からそれぞれ接線を引き，その交点を P とする。弦 AD に対して，P と反対側の円周上に $\overarc{AB}:\overarc{BD}=1:3$，$\overarc{AC}:\overarc{CD}=3:1$ となるように点 B，C をとり，BD と AC との交点を E とする。∠APD=56° のとき，次の問いに答えよ。 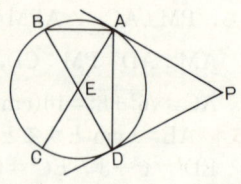
(1) ∠ABE を求めよ。
(2) ∠AED を求めよ。　　　　　（各8点）（洛南高）

5 次の図において，点 T は円 O の周上の点 A，B における接線の交点で，∠ATB=112° とする。この円周上に，点 P を線分 AB に関して点 O と同じ側にとり，三角形 PAB をつくる。このとき，

(1) ∠APBの大きさを求めよ。
(2) 三角形PABの面積が三角形OABの面積と同じになるときの∠PABの大きさをすべて求めよ。
(各8点)（群馬）

<u>6</u> 底面の半径が3cmの円すいがある。この円すいの中に，側面と底面のいずれにも接する球を入れると，この球の直径は円すいの高さの$\frac{1}{2}$倍であった。

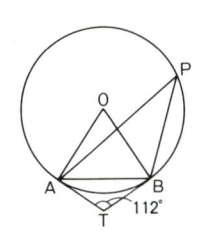

円すいの高さを求めよ。 （8点）（広島大付高）

<u>7</u> 右の図のように，円周上に異なる4点A，B，C，Dがある。弦ABと弦CDの交点をPとするとき，PA×PB＝PC×PDであることを証明しなさい。 （7点）（海城高）

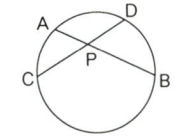

《研　　　究》

<u>1</u>　∠MBN＝∠MBA＋∠ABN
　　　　＝$\frac{1}{2}$∠ACB＋$\frac{1}{2}$∠ABC

<u>2</u>　(1)　四角形ABCDはAD∥BC，AD＝BCであるから平行四辺形，BCは直径であるから，
　　　∠BAE＝∠BFC＝∠R
(2)　四角形ABCDは平行四辺形であるから，EはACの中点，AC＝AB＝4cm
(3)　△ABE∽△FDC，相似比は，$2\sqrt{5}$：4，△FCE∽△FDC，相似比は1：2

<u>3</u>　(1)　∠PADと∠PCBは$\stackrel{\frown}{DB}$に対する円周角，∠ADPと∠CBPは$\stackrel{\frown}{AC}$に対する円周角
(2)　∠TAD＝∠ACD，∠CAD＝∠R
(3)　相似形の面積比が1^2：2^2であるから，相似比は1：2，AP：CP＝1：2，AP×PB＝CP×DP

<u>4</u>　(1)　∠ABE＝∠PAD，PA＝PDであるから，∠PAD＝(180°－56°)÷2
(2)　Oを中心とすると，
　　　∠AOD＝2∠ABE，

∠BOC＝(360°－124°)÷2＝118°
∠AED＝∠ABE＋∠BAE

<u>5</u>　(1)　∠APB＝∠TAB，TA＝TB
(2)　△PABと△OABが等しくなるのは，PがABと平行な直径上にくるときである。ABと平行な直径をP′P″とする。
　　　∠P″AB＝$\frac{1}{2}$∠P″OB
　　　∠P″OB＝∠OBA
　　　∠OBA＝∠OAB
　　　　＝(180°－34°×2)÷2

<u>6</u>　球の中心を通る平面で切った切断面で考える。球の半径をrとすると，相似な三角形の辺の比から，
　　　3：r＝$4r$：$\sqrt{(3r)^2-r^2}$，
　　　3：r＝$4r$：$2\sqrt{2}r$，$r=\frac{3\sqrt{2}}{2}$，
高さは半径の4倍である。

<u>7</u>　AとC，DとBを直線で結ぶと，
　　　∠CAP＝∠BDP，
　　　∠ACP＝∠DBP，
　　　△ACP∽△DBP

時間	60分	得点		基準	A…84点以上　B…83点～40点　C…39点以下

新版 プランアップ中学数学総整理60日完成

2002年7月10日　初版発行
2006年2月20日　2刷発行

著　者　坂　田　　　昭
発行者　竹　下　晴　信
印刷所　㈱平河工業社
製本所　有限会社　友晃社製本

発行所　株式会社　評　論　社
（〒162-0815）東京都新宿区筑土八幡町2-21
電話 営業(03)3260-9409　FAX(03)3260-9408
　　　編集(03)3260-9406　振替 00180-1-7294

ISBN4-566-03582-4　落丁・乱丁本は本社にておとりかえいたします。

高校受験

中学数学総整理
60日完成
新版

解答編

評論社

解　答

第2日

1 (1) 7　(2) 2　(3) -7　(4) 3
　　(5) 13　(6) 6　(7) 7　(8) -9
　　(9) 9　(10) $\dfrac{5}{18}$

2 (1) 9 cm
　　(2) $l-3$(cm)
　　(3) $l-0.4$(cm)

3 ③, ⑤, ⑨
　　㊟ $a^3-b^3=a^3+(-b^3)>0$

4 (1) g　(2) e　(3) d　(4) f

5 $x\cdots-$, $y\cdots-$, $z\cdots-$
　　㊟ $yz>0$, $xyz<0$ から $x<0$, $yz>0$,
　　$y+z<0$ から $y<0$, $z<0$

6 (1) ②, ⑤
　　(2) ①, ⑥

7 (1) $+7$, -7
　　(2) $+5$, -5
　　(3) -4, 2, -0.3, 0.1

8 (1) -12　(2) -4　(3) -9　(4) -5

≪強化問題≫
(1) ① -4　② -2
(2) ① -7　② 15　③ -4　④ 0
　　⑤ 5　⑥ 10
(3) ① -0.3, $-\dfrac{1}{3}$, $-\dfrac{2}{5}$
　　② -0.8
(4) ①, ④
(5) ① -2 点
　　② 83.5 点

第4日

1 (1) $a+1$(点)　(2) $\dfrac{100b}{a+b}$%
　　(3) 68 円
　　㊟ $100\times0.8a-60\times0.2a=68a$

2 (1) 12
　　(2) $x(24-2x)(35-2x)$ cm³
　　　または $2x(12-x)(35-2x)$ cm³

3 (1) $y=10x+a$
　　(2) $\dfrac{x}{5}+\dfrac{20-x}{4}=y$
　　(3) $x+y=6$

4 (1) A$=6p+5$
　　(2) A$=24q+11$
　　(3) 3　㊟ A$=24q+8+3$

5 (1) $5a-2$　(2) $-4x+y$
　　(3) $10a-b$　(4) $-x+13y$
　　(5) $\dfrac{2x+y}{6}$　(6) $\dfrac{a+2b}{2}$
　　(7) $\dfrac{5x-8}{6}$　(8) $\dfrac{x-y}{2}$

6 (1) $9x^3$　(2) $-6a^3b^5c^3$　(3) $-8x^3$
　　(4) $2ab$　(5) $3a^2b^3$　(6) $-2b^2$
　　(7) $-2x^2$　(8) $-54x^4y$

7 (1) 8　(2) -20　(3) 16

≪強化問題≫
(1) ① $7a-6b$(点)　② $100x+10y+z$
　　③ $0.01ab$ g
(2) ① $b=\dfrac{a-d}{c}$　② $x=a+b+c-n$
(3) ① $-x+2y$　② $5a-10b$　③ $\dfrac{x-5}{6}$
　　④ $-6a^3b^2$　⑤ x　⑥ $-2a^2$
　　⑦ $3ab$

第6日

1 イ, ウ, エ, オ, カ

2 (1) $x=3$ (2) $x=5$ (3) $x=\dfrac{1}{2}$
   (4) $x=-1$ (5) $x=-7$ (6) $x=3$

3 (1) $x=8$ (2) $x=3$ (3) $x=6$
   (4) $x=4$ (5) $x=3$ (6) $x=3$

4 (1) $a=-1$ (2) $a=-2$
   (3) $a=5$

5 (1) $a=c-b$ (2) $b=a-c$
   (3) $a=\dfrac{c}{b}$ (4) $b=\dfrac{cd}{a}$
   (5) $b=ac$ (6) $d=\dfrac{bc}{a}$

6 (1) $x=\dfrac{l-2y}{2}$ (2) $b=\dfrac{a}{c+d}$
   (3) $n=\dfrac{A-a}{ar}$ (4) $a=2m-b$
   (5) $r=\dfrac{S}{a+S}$

7 (1) $h=\dfrac{2S}{a+b}$ (2) $a=\dfrac{2S-bh}{h}$

8 (1) $a=\dfrac{S-2bc}{2(b+c)}$ (2) $b=\dfrac{V}{ac}$

《強化問題》
(1) ① 解です ② -2
(2) ⑦, ⑰, ㋺
(3) ① $x=3$ ② $x=5$
    ③ $x=-2$ ④ $x=-4$
    ⑤ $x=5$ ㋪ $3(x+1)=2(2x-1)$
    ⑥ $x=-12$ ⑦ $x=1$ ⑧ $x=4$
(4) ① $b=l-a-c$ ② $a=\dfrac{2S}{b}$
    ③ $h=\dfrac{V}{a^2}$ ④ $h=\dfrac{3V}{\pi r^2}$
    ⑤ $y=\dfrac{-2x+6}{3}$ または $y=-\dfrac{2}{3}x+2$
(5) $a=\dfrac{c-b}{10}$
(6) $y=\dfrac{s-ax}{b}$

(7) ① $c=\dfrac{ab}{a+b}$ ㋪ 両辺に abc をかけると, $bc+ac=ab$
    ② $a=\dfrac{bc}{b-c}$

第8日

1 $x=4$ ㋪ $3x-8=4$

2 (1) 400円 ㋪ $0.8x\times 3=960$
   (2) りんご7個, いよかん6個
   ㋪ $180x+240(13-x)+300=3000$
   を解く.

3 (1) 240人 ㋪ $x=42$ となる.
   (2) $\dfrac{x-30}{5}=\dfrac{x}{6}+2$

4 (1) 40g ㋪ 水xgを加えるとすると, $80\times 0.09=0.06(80+x)$
   (2) 100g ㋪ 水xgをじょうはつさせるとすると,
   $300\times 0.02=0.03(300-x)$

5 48個 ㋪ カップケーキをx個とすると, $\dfrac{50}{4}x+\dfrac{70}{8}(208-x)=2000$

6 140人 ㋪ 3年全体をx人とすると, $\dfrac{5}{7}x+\dfrac{4}{7}x-\dfrac{5}{7}x\times\dfrac{3}{5}+20=x$

7 24分 ㋪ AからBまでx分かかったとすると,
   $75x+100(60-x)=5400$

8 140人 ㋪ 子どもの入場者数をx人とすると,
   $300(350-x)+150x=84000$

《強化問題》
(1) -6 ㋪ $\dfrac{1}{3}x+5=3$
(2) 春子さん $\dfrac{x-22}{3}=\dfrac{x+6}{4}$
   良男さん $3x+22=4x-6$ [答] 106冊

(3) ① $\dfrac{1}{2}x+300$ ② $\dfrac{1}{3}x+200$
　　③ $\dfrac{1}{9}x+\dfrac{800}{3}$ ④ 13800
(4) 10 km　㊥ $\dfrac{x}{4}+\dfrac{x}{6}=\dfrac{25}{6}$

第10日

1 (1) $5x-y=3$　(2) $-3x+2y=-4$
　(3) $7x=14$　(4) $8x=-8$
2 (1) $y=2$　(2) $x=3$
3 (1) $x-4$　(2) $2y-3$
4 (1) $x=1, y=5$
　(2) $x=-5, y=-1$
　(3) $x=2, y=3$　(4) $x=1, y=3$
5 (1) $x=1, y=2$　(2) $x=4, y=-2$
　(3) $x=2, y=-1$
　(4) $x=-1, y=1$
6 (1) $x=4, y=-1$
　(2) $x=-1, y=3$　(3) $x=3, y=2$
　(4) $x=2, y=-2$
　(5) $x=-4, y=3$　(6) $x=5, y=4$
7 (1) -2　㊥ 連立方程式を解くと，
　$x=2, y=3$
　(2) $a=\dfrac{3}{2}, b=4$　(3) $a=1, b=0$
　(4) $a=1$
　㊥ $5-3y=4a, \dfrac{2}{3}+y=a$ を解く。
8 (1) $x=1, y=3$　㊥ $x+y=4$,
　$x+y=x-2y+9$ を解く。
　(2) $x=4, y=-2$

《強化問題》
(1) ① $x=4, y=5$　② $x=2, y=4$
　③ $x=4, y=-5$　④ $x=5, y=-4$
　⑤ $x=-3, y=-11$
(2) ① $x=2, y=4$　② $x=-1, y=5$
(3) ① $x=2.5, y=-2$　② $x=1, y=2$
(4) 7　㊥ $x=-2, y=3$

(5) $a=2, b=3$
　㊥ $4a-b=5, 2a+4b=16$ を解く。
(6) $a=2, b=1$　㊥ $3x+4y=2, x+3y=-1$ を解くと，$x=2, y=-1$

第12日

1 (1) 2 段下
　(2) Aが勝った回数 14 回，Bが勝った回数 6 回，「あいこ」の回数 10 回
2 (1) $\begin{cases} 4(3x+y)=100 \\ 2(4x+3y)=100 \end{cases}$
　(2) $x=5, y=10$　(3) 2700 個
3 (1) $62x+57y=2700$
　(2) 男子 27 人，女子 18 人
4 (1) 24 g
　(2) $0.03x+0.08y=24$
　(3) $x=160, y=240$
5 (1) 0.9 l　(2) 2.28 kg
　㊥ Aを x cm³，Bを y cm³ 混ぜるとすると，
　$0.8x+1.2y=3000, x+y=2800$

《強化問題》
(1) 男子生徒を x 人，女子生徒を y 人とすると，$\begin{cases} 0.4(x+y)=98 \\ 0.3x-0.2y=11 \end{cases}$
　男子 120 人，女子 125 人
(2) 男子生徒 130 人，女子生徒 120 人
　㊥ 男子を x 人，女子を y 人とすると，
　$x+y=250$,
　$(0.6x+0.7y)-(0.4x+0.3y)=74$
(3) A 11 個，B 15 個　㊥ 11 月のAの販売個数を x 個，Bの販売個数を y 個とすると，$y=3x+1, 2x-1+y-4=26$
(4) 貨物列車の速さ毎秒 12 m，鉄橋の長さ 486 m　㊥ 貨物列車の速さを毎秒 x m，鉄橋の長さを y m とすると，
　$318+y=67x, 162+y=54x$

第14日

1 (1) Aを中心にしてかいた円と a の交点をB, Cとし, B, Cを中心にして等しい半径でかいた2円の交点をDとする。直線ADが求める垂線である。

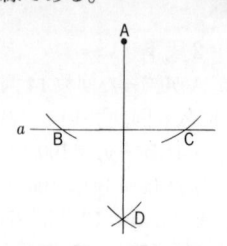

(2) Bを中心にしてかいた円と b の交点をC, Dとし, C, Dを中心にして等しい半径でかいた2円の交点をEとする。直線EBが求める垂線である。

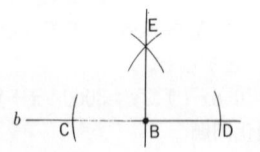

2 (1) Bを中心にしてかいた円と辺AB, BCとの交点をD, Eとし, D, Eを中心にして等しい半径でかいた2円の交点をFとする。半直線BFが∠Bの二等分線である。同様にして∠Cの二等分線CJをひく。BFとCJの交点がIである。

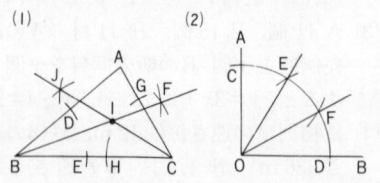

(2) Oを中心にしてかいた円と辺OA, OBとの交点をC, Dとし, C, Dを中心にして半径OCでかいた2円と弧CDとの交点をF, Eとする。半直線OE, OFが∠AOBの三等分線である。

3 (1) Aを通る直線ABと直線 a との交点をOとする。Oを中心にしてかいた円とOB, a との交点をC, Dとし, Aを中心にして半径OCでかいた円とOBとの交点をE, Eを中心にして半径CDでかいた円との交点をFとする。直線AFが求める直線である。

(2) 弦ABの垂直二等分線と弦CDの垂直二等分線の交点Oが円の中心である。

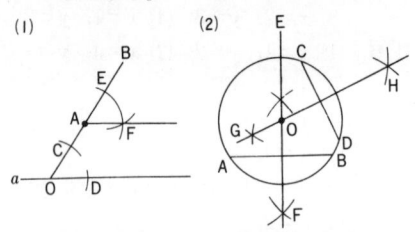

4 (1) ∠AOBの二等分線OEと直線 l との交点Fが求める点である。

(2) 弦ABの垂直二等分線と円Oとの交点C, Dが求める点である。

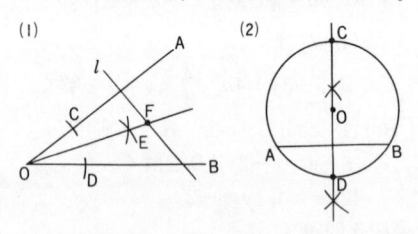

5 Aを中心にして半径 a でかいた円と, Bを中心にして半径 b でかい

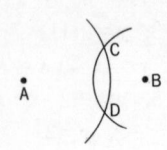

た2円の交点C, Dが求める点である。

6 辺OA上の点CでOAに垂直な直線上にCE=lとなるように点Eをとり, Eを通りOAと平行な直線EGをひく。辺OB上の点DでOBに垂直な直線上にDF=lとなるように点Fをとり, Fを通りOBと平行な直線FHをひく。EGとFHの交点Iが求める点である。

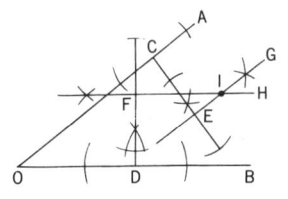

《強化問題》

(1) Oを中心にしてかいた円とOX, OYとの交点をA, Bとする。O′を中心にしてOAを半径とする円とOY′との交点をCとし, Cを中心にしてABを半径とする円との交点をDとする。O′, Dを通る直線をO′X′とする。

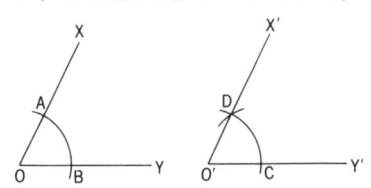

(2) 線分ABの垂直二等分線と線分BCの垂直二等分線の交点をOとする。Oを中心にしてOAを半径とする円をかく。

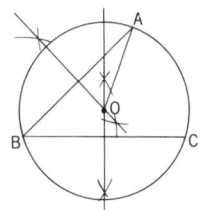

(3) AでABに垂直な直線をひき, その上にAD=ABとなる点Dをとる。B, Dを中心にしてABを半径としてかいた2円の交点をCとする。四角形ABCDが求める正方形である。

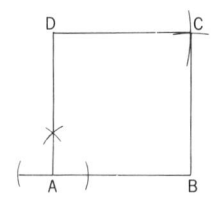

(4) 線分ABの垂直二等分線と直線 l との交点をPとする。

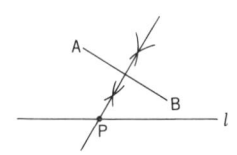

(5) 線分ABの垂直二等分線と円Oとの2つの交点P, Qが求める点である。

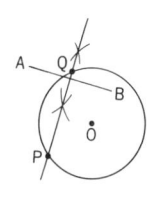

(6) 線分ABの垂直二等分線と直線 l との交点をOとする。Oを中心にしてOAを半径とする円をかく。

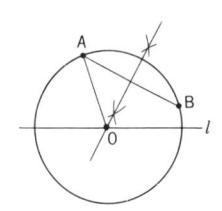

第16日

1 (1) (2) (3)

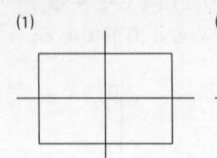

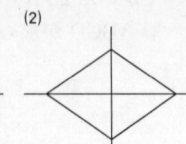

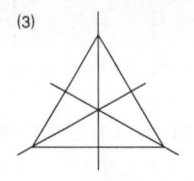

2 (1) (2) (3)

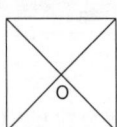

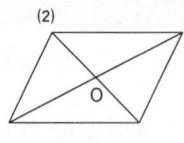

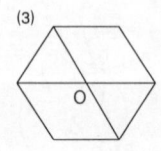

3

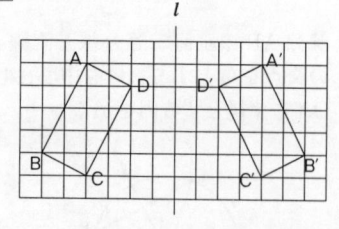

4 80°　⊕ ∠AOX=x°, ∠AOY=y° とすると,
∠AOC=x°+2y°+x°

5

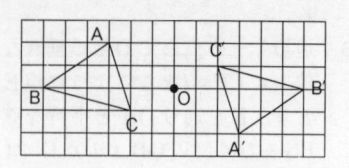

6 (1) 8 cm　(2) 140 cm²
⊕ 四角形 ABB′A′ は台形, BB′=20 cm, AC=10 cm

7 l について A と対称な点を A′ とし, A′B と l の交点を C とする。

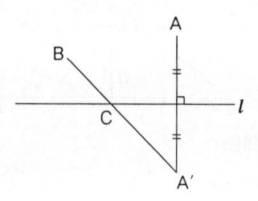

≪強化問題≫
(1) 下の図

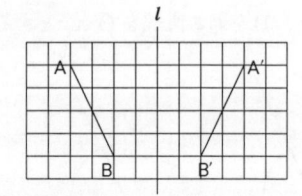

(2) 下の図

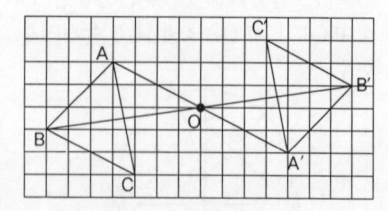

(3) 下の図

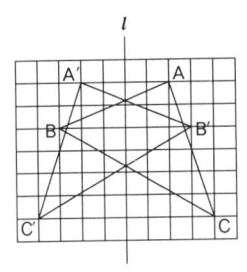

(4) 下の図

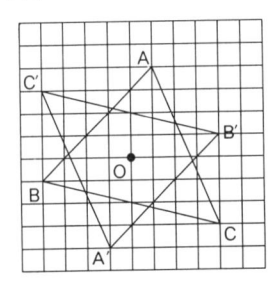

(5) ① 90° ② 45° ③ 50 cm²
(6) ① 4本 ② 1本 ③ 1本

第18日

[1] 6　㊥ BF, DH, EF, FG, GH, HE
[2] 5　㊥ AB, AE, AD, EF, EH
[3] (1) ウ
 (2) 80 cm³
 ㊥ R, D, E をとおる平面で 2 つに分ける。四角すい R－PDEQ と三角すい R－DEF の体積は 44 cm³, 36 cm³
[4] (1) 8 (2) 12 (3) 6
[5] 2.5倍　㊥ $\pi \times 2 \times 5 \div (\pi \times 2^2)$
[6] (1) CF, EF
 (2) 12π cm²
 (3) 108π cm³

[7] 30π cm³　㊥ $\pi \times 3^2 \times 5 \times \dfrac{2}{3}$
[8] (1) 96π cm³
 ㊥ $\pi \times 4^2 \times 3 \times \dfrac{1}{3} + \pi \times 4^2 \times 5$
 $= 16\pi + 80\pi = 96\pi$
 (2) 76π cm²
 ㊥ $\pi \times 5 \times 4 + 2 \times \pi \times 4 \times 5 + \pi \times 4^2$
 $= 20\pi + 40\pi + 16\pi = 76\pi$

《強化問題》
(1) ① CF, NK
 ② 下の図

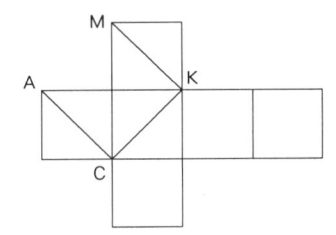

(2) ① 60π cm²
 ② 126π cm²
 ㊥ $60\pi + 2 \times \pi \times 2 \times 6$
 $+ (\pi \times 5^2 - \pi \times 2^2) \times 2$
 ③ 126π cm³
(3) ① 200π cm³
 ② 4.8 cm
 ㊥ $\pi \times 6^2 \times 10 \times \dfrac{1}{3} \div (\pi \times 5^2) = 4.8$
(4) ① 135°　㊥ $360° \times \dfrac{3\pi}{8\pi} = 135°$
 ② 6π cm²

第20日

1 (1) 80°
   (2) 62°
2 36°　⊕ ∠BCD=∠BDC, ∠A=∠CBD
3 (1) 33°　⊕ ∠ECD+56°=32°+57°
   (2) 54°　⊕ ∠B=∠C=42°, ∠FDC=2∠B
4 (1) ∠EDC=∠DCB
   ∴ DE//BC　∴ ∠FDE=∠DBC
   △BDC で BC=DC
   ∴ ∠DBC=∠BDC, また ∠BDC=∠ADF　∴ ∠ADF=∠FDE
   (2) 15°
5 (1) 40°
   (2) 20°
   ⊕ ∠BDC+35°=55°
6 (1) 164°
   (2) 98°

≪強化問題≫
(1) 93°
(2) ① 61°
    ② 23°
    ⊕ 180°−(36°+50°+25°+46°)
(3) ① 8　⊕ 外角の大きさは 180°÷4=45°
    ② 20 本
(4) ① 31°　⊕ ∠ACF=∠ACD−∠FCD
    ② 119°
    ⊕ ∠ABE=∠ABC−∠EBC
    =(180°−68°−34°)−24°=54°
(5) 36°　⊕ ∠DEC′=∠DEC=∠B, ∠B=∠C
(6) ∠A=40°, ∠B=120°, ∠C=20°
    ⊕ ∠A=$x°$ とすると,
    $x+3x+x-20=180$

第22日

1 (1) AB=AC, BD=CE, ∠ABD=∠ACE　∴ △ABD≡△ACE
   ∴ AD=AE
   (2) ∠DAE=∠CAE−∠CAD,
   ∠BAC=∠BAD−∠CAD,
   ∠CAE=∠BAD
   ∴ ∠DAE=∠BAC=60°,
   AD=AE ゆえに △ADE は正三角形である。
2 (1) AB=AC, AP=AQ, ∠BAP=∠BAC−∠PAC=∠PAQ−∠PAC=∠CAQ　∴ △ABP≡△ACQ
   (2) 120°　⊕ 四角形 ABCD で ∠ACD=90°
3 (1) AG=EB,
   ∠DAG=∠R−∠EAG=∠AEG=∠FEB, ∠AGD=∠EBF=∠R　∴ △AGD≡△EBF
   (2) AD=DC,
   ∠ADG=∠R−∠GDC=∠DCH,
   ∠AGD=∠DHC=∠R
   ∴ △AGD≡△DHC
   ∴ DG=CH
   (1)から DG=FB　∴ CH=FB
4 (1) ∠ECF=∠ACB,
   ∠EFC=∠ABC,
   ∠ACB=∠ABC
   ∴ ∠ECF=∠EFC　∴ EC=EF
   (2) BD=CE, CE=FE
   ∴ BD=FE, ∠MBD=∠MFE,
   ∠MDB=∠MEF
   ∴ △BMD≡△FME
   ∴ DM=EM
5 (1) AB=AC　∴ ∠RBP=∠PCQ,
   BR=CP, BP=CQ
   ∴ △BPR≡△CQP　∴ PR=QP
   ゆえに, △PQR は二等辺三角形

(2) 59° ㊟ ∠QPR+∠RPB
　=∠ACB+∠PQC
　∴ ∠QPR=∠ACB
6 (1) BC=CD,
　∠BCH=∠R−∠DCI=∠CDI,
　∠BHC=∠CID=∠R
　∴ △BHC≡△CID
　(2) (1)から BH=CI, DI=HC
　∴ BH+DI=HI, 同様にして,
　DI+FJ=IJ
　∴ BH+DI+DI+FJ=HI+IJ
　∴ BH+2DI+FJ=HJ

≪強化問題≫
(1) ① OA=OC, OD=OB,
　　∠AOD=∠COB
　　∴ △OAD≡△COB
　② AB=OB−OA, CD=OD−OC,
　　OB=OD, OA=OC ∴ AB=CD
　　①より ∠PAB=∠PCD,
　　∠PBA=∠PDC
　　∴ △APB≡△CPD
(2) ① ∠BCE=∠BCA+∠ACE,
　　∠ACD=∠ACE+∠ECD,
　　∠BCA=∠ECD
　　∴ ∠BCE=∠ACD
　② ①から ∠BCE=∠ACD, また
　　BC=AC, EC=DC
　　∴ △BCE≡△ACD ∴ BE=AD
(3) ① BC=DC, CG=CE,
　　∠BCG=∠DCE=∠R
　　∴ △BCG≡△DCE ∴ BG=DE
　② △BCG と △DHG との角を比べ
　　ると, ①より ∠GBC=∠GDH,
　　∠BGC=∠DGH
　　∴ ∠BCG=∠DHG=∠R
　　∴ BH⊥DE

第24日

1 (1) 6 cm　(2) 109°
2 (1) AB=CD, BE=DF, ∠ABE=
　∠CDF　∴ △ABE≡△CDF
　∴ AE=CF, ∠AEB=∠CFD,
　∠AEF=∠CFE　∴ AE∥CF
　ゆえに四角形 AECF は平行四辺形
　(2) BD の 4 等分点のうち B に最も
　近い点を E, D に最も近い点を F と
　する。
3 (1) ∠PAQ=∠DAQ,
　∠DAQ=∠PQA
　∴ ∠PAQ=∠PQA ∴ PA=PQ
　(2) 8 cm　㊟ P が C に重なったと
　き, CA=CQ
4 ア.イ. ∠EBF, ∠GDH
　ウ.エ. EF, GH
　オ.カ. ∠EFH, ∠GHF
　キ. 対辺　ク. 平行
5 (1) 287 cm²　㊟ △ABI+△BCI+
　△CAI
　(2) 140°　㊟ ∠BOC=2∠BAC
　(3) D は BC の中点
　∴ △ABD=△ACD,
　△GBD=△GCD,
　△ABG=△ABD−△GBD,
　△ACG=△ACD−△GCD
　∴ △ABG=△ACG
6 (1) ウ　(2) イ　(3) ア
≪強化問題≫
(1) OE=OA−EA, OG=OC−GC,
　OA=OC, EA=GC ∴ OE=OG
　同様にして, OF=OH ゆえに, 四角形
　EFGH は平行四辺形
(2) ∠EAB=$\frac{1}{2}$∠DAB,
　∠EBA=$\frac{1}{2}$∠ABC

∴ ∠EAB+∠EBA
$=\frac{1}{2}$(∠DAB+∠ABC) ところが、
∠DAB+∠ABC=2∠R
∴ ∠EAB+∠EBA=∠R
∴ ∠AEB=∠HEF=∠R, 同様にして、∠EFG=∠FGH=∠GHE=∠R,
ゆえに、四角形 EFGH は長方形

(3) ① BG=$\frac{2}{3}$BD, CG=$\frac{2}{3}$CE, BD=CE ∴ BG=CG ② EG=$\frac{1}{3}$CG, DG=$\frac{1}{3}$BD ∴ EG=DG ①より BG=CG, ∠BGE=∠CGD ∴ △BGE≡△CGD ∴ BE=CD, E, D は AB, AC の中点 ∴ AB=AC ゆえに、△ABC は二等辺三角形

第26日

1 (1) イ, オ (2) ウ, カ
2 (1) イ, オ (2) ア, エ
3 (1) $\frac{4}{3}$ ⊕ $y=ax$ に $x=6, y=8$ を代入。
(2) $y=\frac{4}{3}x$ (3) $y=16$
4 (1) -36 ⊕ $y=\frac{a}{x}$ に $x=4, y=-9$ を代入。
(2) $y=-\frac{36}{x}$ (3) $y=6$
5 (1) $6<y<18$ (2) $14≧y≧4$
6 $\frac{200}{7}$ 周 ⊕ 回る回数は時間に比例する。
7 (1) $(-4, -3)$ (2) $(4, 0)$
(3) $21\ cm^2$ ⊕ A, B, C を通り、座標軸と平行な直線で長方形をつくる。

8 (1) $y=2x$ (2) $y=\frac{1}{3}x$
(3) $y=-\frac{4}{5}x$ (4) $y=-x$

《強化問題》

(1) ① $y=6$ ② $x=\frac{15}{2}$ ⊕ $y=\frac{8}{5}x$ に $y=12$ を代入。
(2) ① $y=6$ ② $y=-16$ ⊕ $y=-\frac{8}{x}$ に $x=0.5$ を代入。
(3) $z=-2$ ⊕ $y=3x, z=\frac{6}{y}$ である。
(4) ① $6≧y≧-2$ ② $-3>y>-9$
(5) ① $y=-\frac{1}{2}x$ ② $y=\frac{4}{3}x$
(6) -24 ⊕ $y=\frac{a}{x}$ に $x=-6, y=4$ を代入。

第28日

1 (1) $b=6$ ⊕ $y=-\frac{1}{3}x+b$ に $x=3, y=5$ を代入。
(2) 64
⊕ $y=-\frac{1}{3}x+\frac{7}{3}$ に $y=-20$ を代入すると $x=67, y=1$ を代入すると $x=4$, x の変域は $67≧x≧4$
2 (1) $y=-\frac{1}{13}x+35$
(2) 273 km
⊕ 1 kl で 13 km 走る。
3 (1) 5 cm ⊕ △ABC の面積は 30 cm²
(2) 3 ⊕ △APC の面積が $3x$ cm²
4 (1) 3:4 ⊕ AB 間を 3 秒, BC 間を 4 秒で点 P は動いている。
(2) 毎秒 2 cm ⊕ 毎秒 a cm の速さで点 P が動くとすると

$3a \times 4a \times \dfrac{1}{2} = 24$

(3) $2 < x < 8$　㊋ $8x > 16$, $-8x + 80 > 16$ を解く。

⑤ (1) (5, 3)　(2) $y = -\dfrac{7}{2}x + 7$

⑥ (1) (7, 7)　㊋ $y = x$ に $y = 7$ を代入。
(2) $y = x - 4$　㊋ C(6, 2) である。
(3) 36 : 7　㊋ 正方形 ABCD の1辺の長さは6

《強化問題》

(1) $y = \dfrac{5}{3}x + \dfrac{1}{3}$

(2) -3

(3) ① $y = \dfrac{7}{5}x$　㊋ 交点は $\left(\dfrac{5}{3}, \dfrac{7}{3}\right)$
② $a = -2$　㊋ $x + y = 6$ と $y = 2x$ の交点は (2, 4)
③ $y = -2x - 2$　㊋ $y = -2x + b$ に $x = -3$, $y = 4$ を代入。

(4) ① $y = \dfrac{3}{2}x$　② $y = -\dfrac{5}{4}x + \dfrac{55}{2}$
③ $y = 5$

第30日

① (1) 6 とおり　(2) 10 とおり

② 7 とおり　㊋ 松に1人，2人泊まる場合について考える。

③ (1) $\dfrac{1}{4}$　(2) $\dfrac{5}{36}$

④ (1) $\dfrac{2}{3}$　(2) $\dfrac{1}{27}$
(3) $\dfrac{4}{9}$　㊋ 1 から 4 までの目が 2 回，5 か 6 の目が 1 回出ればよい。

⑤ (1) $\dfrac{2}{5}$　㊋ 十の位が奇数の場合が 6 とおり，十の位が偶数の場合が 2 とおり
(2) $\dfrac{2}{5}$　㊋ 12, 21, 15, 51, 24, 42, 45, 54 の 8 とおり
(3) $\dfrac{1}{2}$　㊋ 34, 35, 41, 42, 43, 45, 51, 52, 53, 54 の 10 とおり

⑥ (1) $\dfrac{5}{18}$　㊋ 9個から2個とりだす方法が $\dfrac{9 \times 8}{2 \times 1} = 36$ 通り，5個から2個とりだす方法が $\dfrac{5 \times 4}{2 \times 1} = 10$ 通り
(2) $\dfrac{5}{9}$　㊋ 和が奇数になるのは白と赤を1個ずつとり出したとき。

⑦ (1) 4 通り　㊋ 大 3, 6 に対して小 3, 6
(2) $\dfrac{2}{9}$　㊋ B, C になる場合 4 通り，C, B になる場合 4 通り

《強化問題》

(1) ① 16 とおり　㊋ A からの 4 とおりのおのおのについて B からの出し方が 4 とおり。② 6 とおり

(2) ① $\dfrac{1}{8}$　② $\dfrac{3}{8}$　㊋ 表が2回，裏が1回出ればよい。

(3) $\dfrac{11}{36}$　㊋ 1の目が出ない確率は $\dfrac{5 \times 5}{6 \times 6}$

第32日

① (1) $\dfrac{\sqrt{3}}{5}$
(2) 7.05
㊋ $\sqrt{50} = 5\sqrt{2}$　(3) 21.21

② $2^3 \times 3^2, 2$
㊋ $(2^3 \times 3^2) \times 2 = 2^4 \times 3^2 = (2^2 \times 3)^2$

③ (1) 30　㊋ $120 = 2^3 \times 3 \times 5$ であるから $2 \times 3 \times 5$　(2) 15

④ (1) $4\sqrt{2}$　(2) $3\sqrt{3}$　(3) 5
(4) $7 - 3\sqrt{2}$　(5) 0　(6) $6\sqrt{6}$

5 (1) 2 (2) 6 (3) $\dfrac{15}{4}$

6 (1) $2a^2+3ab$ (2) $-6x^2y+9xy^2$
(3) $2b+3c$ (4) $3x-2y$
(5) $4x^2-12x+9$ (6) $x^2+x+\dfrac{1}{4}$
(7) $4a$ (8) x^2-2x+5 (9) x^2-9
(10) $4ab+5b^2$

7 (1) 4 (2) $-7x^2+25xy-16y^2$

8 (1) $(x+2)(x-6)$
(2) $(3a+2bc)(3a-2bc)$
(3) $2(x+6)(x-1)$
(4) $2a(b+5)(b-5)$
(5) $(x+1)(x+2)$
(6) $(y+1)(x-1)$
(7) $(x+y-z)(x-y+z)$
㊤ $x^2-(y-z)^2$

9 (1) $n(n+2)+1=n^2+2n+1$
$=(n+1)^2$
(2) 1 ㊤ $(a+b)(a-b)=a+b$,
両辺を $a+b$ でわると $a-b=1$

≪強化問題≫

(1) $\sqrt{3}>\dfrac{2}{\sqrt{3}}>\sqrt{3}-2$

(2) ① $\sqrt{3}$ ② $-12\sqrt{2}$ ③ $3-2\sqrt{3}$
④ -1 ⑤ $14-6\sqrt{5}$ ⑥ -4
⑦ $2\sqrt{2}$

(3) ① 5 ㊤ $x^2-1=(\sqrt{6})^2-1$ ② 6
㊤ $(1+\sqrt{3})^2-2(1+\sqrt{3})+4$ ③ 13
㊤ $(2\sqrt{3})^2-(3-4)=12+1=13$

(4) ① $2a^3b-2a^2b^2$ ② $2a-3b$
③ $x-6$ ④ a^2+36 ⑤ 4 ⑥ $-3x$
⑦ $4x$

(5) ① $(a+3)(a+7)$ ② $(x-7)^2$
③ $(2x+3y)(-2x+3y)$
④ $3(a+4)(a-3)$
⑤ $(a-b)(a-b+2)$
⑥ $(a+b+c-d)(a+b-c+d)$
⑦ $(a-1)(1-2y)$

第34日

1 (1) $x=-1, x=-5$
(2) $x=5, x=-6$ (3) $x=\dfrac{-5\pm\sqrt{21}}{2}$
(4) $x=2\pm\sqrt{6}$

2 (1) $x=2, x=-5$ (2) $x=4, x=-3$
(3) $x=6, x=-2$ (4) $x=6, x=-2$

3 (1) $x=1, x=\dfrac{1}{2}$ (2) $x=\dfrac{-2\pm\sqrt{7}}{3}$

4 (1) $a=3, a=-1$ ㊤ $x=2$ を代入
すると, $4-2a+a^2-7=0$
(2) $a=0$ ㊤ $x^2-x-6=0$ の大き
い方の解は $x=3$

5 (1) 7, 8 ㊤ 小さい数を x とする
と, $(x+1)^2+x=2x+57$ (2) 225
㊤ ある数を x とすると, $3x^2=75$

6 (1) ア $3x$ イ $x+10$ (2) ア x^2+2x
$-80=0$ イ 8 ウ -10 エ 24

7 6cm ㊤ 小さい方の正方形の1
辺を x cm とすると, $x^2+(20-x)^2$
$=232$

8 (1) 25 m/秒 ㊤ $40t-5t^2$ に $t=2$
を代入すると $80-20=60$, $t=1$ を
代入すると $40-5=35$, $\dfrac{60-35}{2-1}=$
$\dfrac{25}{1}=25$
(2) 8秒 ㊤ $40t-5t^2=0$ を解く。

≪強化問題≫

(1) ① $x=2, x=8$ ② $x=\dfrac{-5\pm\sqrt{29}}{2}$
③ $x=\dfrac{1\pm\sqrt{10}}{3}$ ④ $x=6, x=-4$
⑤ $x=-1, x=-2$
㊤ $x^2+3x+2=0$ を解く。

(2) ① $a=-8$ ② $x=-2$

(3) 3cm ㊤ 縦の長さを x cm とする
と, $(x+4)(2x+4)=70$

(4) ① $2x+1+35$ ② 50

第36日

1 (1) $-8 \leq y \leq 0$ (2) -3

2 (1) xの増加量 2, yの増加量 $4a+4$ ㊐ $(a+2)^2 - a^2$
(2) $a = \dfrac{3}{2}$ ㊐ $\dfrac{4a+4}{2} = 5$

3 (1) 2 (2) $y = 3x^2$ (3) $y = 6x$
(4) 4.5 ㊐ $y = 3x^2$ で考える。

4 (1) $0 \leq y \leq 16$ (2) $y = 2x + 8$
㊐ A$(-2, 4)$, B$(4, 16)$
(3) ① (a, a^2) ② $\dfrac{1 \pm \sqrt{17}}{2}$
㊐ $2a + 8 = 2a^2$ を解く。

5 (1) $s = 4.9t^2$ ㊐ $s = at^2$ に $t = 1$, $s = 4.9$ を代入。(2) 39.2 m/秒
㊐ $\dfrac{4.9 \times 5^2 - 4.9 \times 3^2}{5-3} = \dfrac{4.9 \times 16}{2} = 4.9 \times 8$

6 (1) $a = 2$ ㊐ $y = ax^2$ に $(2, 8)$ を代入。
(2) $(-6, 72)$ ㊐ 直線ABの式は $y = -8x + 24$, $2x^2 = -8x + 24$ を解く。
(3) $S = -12t + 24$
㊐ $S = \dfrac{24 \times (-t)}{2} + \dfrac{24 \times 2}{2}$

《強化問題》
(1) $y = 3x - 6$ ㊐ A$(3, 3)$, B$(6, 12)$
(2) ① B$(2, 8)$
② $a = \dfrac{1}{2}$ ㊐ $\sqrt{\dfrac{8}{a}} = 2 \times 2$
(3) ① $(-4, -8)$ ② $\dfrac{5}{3}$ 倍
㊐ C$(4, 16a)$, D$(0, 16a)$, E$(2, 4a)$,
DEの傾きより $\dfrac{4a - 16a}{2} = -1$,
$12a = 2$, $a = \dfrac{1}{6}$, C$\left(4, \dfrac{8}{3}\right)$,
G$\left(4, -\dfrac{4}{3}\right)$, AG $= \dfrac{20}{3}$, GC $= 4$

第38日

1 (1) M$(1.5, 4.5)$
(2) $y = \dfrac{1}{7}x + \dfrac{30}{7}$

2 P$(5, 7)$ ㊐ BがAPの中点になる。A$(-1, 1)$, B$(2, 4)$である。P(a, b)とすると, $a - 1 = 2 \times 2$, $1 + b = 4 \times 2$ から, $a = 5$, $b = 7$

3 (1) $y = 2x - 2$
(2) $\sqrt{2}$ ㊐ PQ $=$ AO $= 2$ のとき。
(3) $(6, 4)$ ㊐ QT $=$ 2SQ であればよい。P$(a, 0)$とすると,
Q(a, a^2), SQ $= a$,
ST $=$ SQ $+$ QT $=$ SQ $+$ 2SQ $= 3a$,
T$(3a, a^2)$ で AP 上にあるから,
$y = \dfrac{2}{a}x - 2$ に代入, $a^2 = \dfrac{6a}{a} - 2$,
$a^2 = 4$, $a = 2$

4 (1) $\left(\dfrac{4}{3}, \dfrac{8}{9}\right)$ ㊐ A$(-4, 8)$,
△PCD∽△PAB,
CD : AB $= 1 : 4$, P(a, b)とすると,
$a : 4 = 1 : 3$,
$a = \dfrac{4}{3}$, $b = \dfrac{1}{2} \times \left(\dfrac{4}{3}\right)^2 = \dfrac{8}{9}$
(2) $y = -x + 4$ ㊐ ABを底辺とすると高さは 6, Pの x 座標, y 座標ともに 2, $(-4, 8)$, $(2, 2)$ を通る直線は, $y = -x + 4$

5 (1) $a = \dfrac{5}{9}$ ㊐ A$(3, 5)$ から
$5 = a \times 3^2$, $5 = 9a$
(2) $\left(-\dfrac{3}{4}, \dfrac{5}{4}\right)$ ㊐ B$(-3, 5)$, DBは $y = -\dfrac{5}{3}x$ で $y = x + 2$ との交点の x 座標は $-\dfrac{5}{3}x = x + 2$ から,
$-\dfrac{3}{4}$

(3) $m=\frac{1}{2}$, $n=\frac{7}{2}$ ⊕ B(−3, 5),
C(−3, −1), 線分BCの中点Eの
座標は(−3, 2)で, 2点A, Eを
通る直線は, $y=\frac{1}{2}x+\frac{7}{2}$

≪強化問題≫
(1) ① (2, 4) ② $a=1$
    ③ $y=\frac{1}{2}x+1$ ⊕ B(−2, 0), ACの
    中点の座標は(2, 2)
(2) ① 6 ⊕ Bのx座標をbとすると,
    $\frac{1}{2}×(4+2b)×8=64$
    ② $a=\frac{1}{4}$ ⊕ $a×6^2-a×2^2=8$
    ③ $\frac{416}{3}\pi$ ⊕ 直線ABは$y=2x-3$,
    y軸との交点は(0, −3), 求める体積
    は, $\frac{1}{3}×\pi×6^2×12-\frac{1}{3}×\pi×2^2×4$
    $=144\pi-\frac{16}{3}\pi=\frac{416}{3}\pi$

第40日

[1] (1) ∠DBE=∠ACD,
    ∠BDE+∠ADE
    =∠CAD+∠ACD,
    ∠ADE=∠ACD
    ∴ ∠BDE=∠CAD
    ∴ △DEB∽△ADC
  (2) $\frac{2}{9}a$ ⊕ BE:CD=BD:CA
[2] (1) (ア) ABE, ACF
      (イ) BDE, CDF
  (2) (ア) ∠BAE=∠CAF,
      ∠AEB=∠AFC=∠R
      ∴ △ABE∽△ACF
      (イ) ∠BDE=∠CDF,

∠BED=∠CFD=∠R
∴ △BDE∽△CDF
  (3) BE, CF, BE, CF
[3] (1) 70°
    ⊕ ∠B′CA′=(180°−50°)÷2=65°
  (2) ウ
[4] (1) 3:2 ⊕ BP:PE=BC:EA
  (2) 6 cm
  (3) 4.8 cm
    ⊕ BC:HC=AB:PH
[5] (1) $\frac{5}{3}$ ⊕ $\frac{BP}{PD}=\frac{AP}{PC}$
  (2) 4.8 cm ⊕ $\frac{BP}{BD}=\frac{PH}{DC}=\frac{3}{5}$
[6] 12 cm
   ⊕ 四角形KLMNは平行四辺形

≪強化問題≫
(1) ① ∠ABC=∠DBA,
    ∠BAC=∠BDA=∠R
    ∴ △ABC∽△DBA
    ② ∠DAB=∠R−∠CAD=∠DCA,
    ∠BDA=∠ADC=∠R
    ∴ △DBA∽△DAC
(2) ① △CDM
    ② 3倍
    ⊕ MD:ME=MC:MA=3:1
    ③ 1:2
    ⊕ AE:AB=AE:DC=1:3
(3) △ABCでE, HはAB, ACの中点
    ∴ EH∥BC, EH=$\frac{1}{2}$BC, △DBCで
    F, GはDB, DCの中点
    ∴ FG∥BC, FG=$\frac{1}{2}$BC
    ∴ EH∥FG, EH=FG,
    ゆえに, 四角形EFGHは平行四辺形
(4) 4 cm ⊕ BG:GA=3:5
(5) $x=\frac{10}{3}$, $y=\frac{14}{3}$

第42日

1. (1) 10 cm
   (2) 12 cm²
   (3) 20 cm

2. (1) $30\sqrt{2}-30$ (cm)　㊓ $AB=x$ cm とすると $\dfrac{x}{\sqrt{2}}\times 2+x=30$
   (2) $30-15\sqrt{2}$ (cm)
   (3) $1800\sqrt{2}-1800$ (cm²)
   ㊓ 正方形 PQRS の面積から △PAH の面積の4倍をひく。

3. (1) $6\sqrt{2}$ cm　㊓ $EC=x$ cm とすると, $\dfrac{x^2}{2}=18$, $x=6$
   (2) $3+3\sqrt{3}$ (cm)
   ㊓ $AB=y$ cm とすると, $y^2+(y-6)^2=(6\sqrt{2})^2$
   (3) 9 cm²
   ㊓ $BE=3+3\sqrt{3}-6$ (cm)

4. (1) $4\sqrt{3}$ cm　㊓ A から BF に垂線 AH をひく。∠BAH=60° であるから, AB:BH=2:$\sqrt{3}$
   (2) $4\sqrt{3}$ cm²　㊓ AB:AH=2:1
   (3) $24\sqrt{3}$ cm²　㊓ 1辺4 cm の正三角形の面積の6倍

5. 9 cm　㊓ F から AE に垂線 FH をひくと, △ADF≡△AHF, AH=AD=15 cm, AE=$\sqrt{15^2+8^2}=\sqrt{289}=17$ (cm), HE=17-15=2 (cm), HF=DF=x cm とすると, $x^2+2^2=7^2+(15-x)^2$, $x=9$

6. (1) $\dfrac{2\sqrt{5}}{3}$ cm
   ㊓ AC=3 cm, BC=$\sqrt{5}$ cm
   (2) $\dfrac{\sqrt{15}}{2}$ cm³
   ㊓ 底面 △ACD, 高さ BE

7. $\dfrac{25}{4}$ cm　㊓ C から AB に平行にひいた直線 m との交点をEとする。AC=BE, AC+BD=BE+BD=ED, C から m に垂線 CH をひくと, △CED∽△HEC, 5:ED=EH:5, EH=$\sqrt{5^2-3^2}=4$, ED×4=5², ED=$\dfrac{25}{4}$

8. 16　㊓ $(x-4)^2+x^2=(x+4)^2$

≪強化問題≫

(1) ① $2\sqrt{7}$ cm
    ② $6\sqrt{7}$ cm²
    ③ $\dfrac{3\sqrt{7}}{2}$ cm

(2) $6\sqrt{3}$ cm²
    ㊓ AB=$\sqrt{6^2-3^2}=\sqrt{27}=3\sqrt{3}$ (cm), E から BC に垂線 EH をひく。
    EH=$\dfrac{2}{3}$AB=$2\sqrt{3}$ (cm),
    よって, $\dfrac{1}{2}\times 6\times 2\sqrt{3}=6\sqrt{3}$ (cm²)

(3) ① $2\sqrt{5}$ cm
    ㊓ A, D から BE に垂線 AP, DQ をひく。
    AP=12×2÷4=6 (cm),
    DQ=8×2÷4=4 (cm),
    AD=$\sqrt{(6-4)^2+4^2}=\sqrt{20}$
    =$2\sqrt{5}$ (cm)
    ② 90°
    ㊓ △ACD で, AC²=6²+2²=40, AD²=20, CD²=4²+2²=20, AD²+CD²=AC², ∠ADC=90° の直角二等辺三角形で, ∠ACD=45°,
    ∠BAC+∠CDE
    =2∠PAC+2∠QDC
    =2(∠PAC+∠QDC)
    =2∠ACD=45°×2=90°

第44日

[1] (1) $1:\sqrt{2}:\sqrt{3}$
(2) $2a^2+\sqrt{2}\,a^2\,(\text{cm}^2)$
㊐ $\triangle\text{AFG}=\triangle\text{AHG}$
$=\dfrac{1}{2}\times a\times\sqrt{2}\,a=\dfrac{\sqrt{2}}{2}a^2$,
$\triangle\text{AEF}=\triangle\text{AEH}=\dfrac{1}{2}a^2$,
正方形 EFGH$=a^2$

[2] (1) $28\sqrt{2}\,\text{cm}^2$
(2) $9\,\text{cm}$
(3) $\sqrt{113}\,\text{cm}$
㊐ $\sqrt{7^2+(4+4)^2}\,\text{cm}$

[3] (1) $2\sqrt{3}\,\text{cm}$
(2) $\dfrac{8\sqrt{2}}{3}\,\text{cm}^3$
㊐ $\triangle\text{CDF}=4\,\text{cm}^2$,Aから底面への高さをAHとすると,
$\text{AH}=\sqrt{(2\sqrt{3})^2-2^2}=\sqrt{8}$
$=2\sqrt{2}\,(\text{cm})$,よって,
$\dfrac{1}{3}\times 4\times 2\sqrt{2}=\dfrac{8\sqrt{2}}{3}\,(\text{cm}^3)$

[4] (1) $2\sqrt{2}\,\text{cm}$
(2) $2\sqrt{5}\,\text{cm}$
㊐ $\text{MB}=2\,\text{cm}$,$\text{PB}=4\,\text{cm}$,
$\text{PM}=\sqrt{2^2+4^2}=\sqrt{20}=2\sqrt{5}\,(\text{cm})$
(3) $\dfrac{56}{3}\,\text{cm}^3$
㊐ $\dfrac{1}{3}\times\dfrac{1}{2}\times 4\times 4\times 8-\dfrac{1}{3}\times\dfrac{1}{2}\times 2$
$\times 2\times 4=\dfrac{56}{3}$
(4) $3\sqrt{2}\,\text{cm}$
㊐ $\text{MN}=2\sqrt{2}\,\text{cm}$,
$\text{EG}=4\sqrt{2}\,\text{cm}$,$\text{EQ}=\sqrt{2}\,\text{cm}$,
$\text{ME}=\sqrt{4^2+2^2}=2\sqrt{5}\,(\text{cm})$,
よって,$\text{MQ}=\sqrt{(2\sqrt{5})^2-(\sqrt{2})^2}$
$=\sqrt{18}=3\sqrt{2}\,(\text{cm})$

[5] $9\,\text{cm}^3$ ㊐ 底面に平行な平面と AD との交点をPとする。求める体積は,(三角柱 HPG－FDE)－(三角すい D－HPG),AB＝HP＝PG＝3 cm,HD＝HG＝$3\sqrt{2}$ cm,
HF＝$\sqrt{(3\sqrt{2})^2-3^2}=3\,(\text{cm})$,よって,$\dfrac{1}{2}\times 3\times 3\times 3-\dfrac{1}{3}\times\dfrac{1}{2}\times 3\times 3\times 3=9\,(\text{cm}^3)$

[6] $6\sqrt{6}\,\text{cm}^2$ ㊐ PQ＝$2\sqrt{2}$ cm,QT＝$\sqrt{5}$ cm,QR＝$2\sqrt{3}$ cm,TからQRに垂線THをひくと,TH＝$\sqrt{2}$ cm,長方形 QRSP＋△QTR×2
$=2\sqrt{2}\times 2\sqrt{3}+\dfrac{1}{2}\times 2\sqrt{3}\times\sqrt{2}$
$\times 2=6\sqrt{6}\,(\text{cm}^2)$

《強化問題》

(1) ① $15\,\text{cm}^2$ ㊐ EF＝6 cm,EF を底辺とするときの高さは $\sqrt{4^2+3^2}=5\,(\text{cm})$
② $24\,\text{cm}^3$

(2) ① $3\sqrt{2}\,\text{cm}$
② $\dfrac{27\sqrt{11}}{4}\,\text{cm}^2$
㊐ 等脚台形 APQD で,PQ＝3 cm,AD＝6 cm,高さは
$\sqrt{(3\sqrt{3})^2-\left(\dfrac{3}{2}\right)^2}=\dfrac{3\sqrt{11}}{2}\,(\text{cm})$

(3) ① $12\sqrt{11}\,\text{cm}^2$
㊐ 切り口は 4 辺が等しいからひし形,PQ＝$6\sqrt{2}$ cm,
AR＝$\sqrt{6^2+6^2+4^2}=\sqrt{88}$
$=2\sqrt{22}\,(\text{cm})$,よって,
$6\sqrt{2}\times 2\sqrt{22}\div 2=12\sqrt{11}\,(\text{cm}^2)$
② $72\,\text{cm}^3$
㊐ A－BPRC と A－DQRC の和
$\dfrac{1}{3}\times\dfrac{(2+4)}{2}\times 6\times 6\times 2=72\,(\text{cm}^3)$

17

第46日

1 50°
  ㊟ ∠ODC=180°−100°−40°=40°
2 (1) 54° ㊟ ∠DAL=∠DGA
  (2) 72°
  ㊟ ∠GKD=∠AOB+∠DAF
3 (1) 10 cm
  (2) 2 cm ㊟ 四角形 AFOE は正方形，AF=x cm とすると，
  $(x+10)^2+(x+3)^2=13^2$, $x=2$
4 (1) 45°
  (2) ∠ABM は $\overparen{AM}$ に対する円周角，
  ∠CNM は $\overparen{MC}$ に対する円周角，
  $\overparen{AM}=\overparen{MC}$，よって，
  ∠ABM=∠CNM
  (3) 70°
  ㊟ ∠ADE=∠ABM+∠NMB
  =∠IBC+∠ICB=180°−110°=70°
5 $\overparen{AB}$ に対する円周角だから，
  ∠AFB=∠ACB…①,
  ∠ACB+∠CBH=90°,
  ∠BHD+∠CBH=90°，よって，
  ∠ACB=∠BHD…②,
  ①, ②から，∠AFB=∠BHD,
  2角が等しいから △BFH は二等辺三角形
6 (1) ア．QAD イ．PAE ウ．PAE
    エ．QAD オ．ADE
  (2) $\dfrac{1}{3}$ ㊟ ∠DAE=60° になる。

《強化問題》
(1) 124° ㊟ ∠AED=∠AEB+∠BEC+∠CED=37°+50°+37°=124°
(2) 21° ㊟ ∠BAD=180°−115°=65°,
    ∠ABO=∠BAO=65°−44°=21°
(3) ① 140°
    ② 20°
    ㊟ ∠BAC+40°+∠BAC=80°

③ 60°
④ 1：3
(4) ① △ACP と △ABQ において，AC=AB…① CP=BQ…②
  $\overparen{AP}$ に対する円周角であるから，
  ∠ACP=∠ABQ…③ ①, ②, ③より，2辺とその間の角が等しい。
  ∴ △ACP≡△ABQ
  ∴ AP=AQ
② 108°
  ㊟ ∠BAC=36°, ∠ABC=72°

第48日

1 50° ㊟ ∠BCD=115°,
  ∠ECD=115°−65°=50°,
  ∠EBC=∠ECD
2 65° ㊟ (180°−50°)÷2=65°
3 $l \parallel m$ だから，∠DEC=∠BAD,
  m は接線だから，∠DCE=∠DAC,
  仮定から，∠BAD=∠DAC,
  よって，∠DEC=∠DCE，△DCE は二等辺三角形
4 (1) 25° ㊟ ∠DEB=∠AFD=120°
  (2) DE=DF であるから，
  ∠DEF=∠DFE，BC は接線であるから，∠EDB=∠DFE
  ∴ ∠DEF=∠EDB ∴ BC∥EF
5 (1) OA=OP であるから，∠APO=∠PAO，PQ は接線であるから，
  ∠BPQ=∠PAO，よって，
  ∠APO=∠BPQ
  (2) 120° ㊟ ∠BPQ=a° とすると，
  ∠PAO=a°，∠PBO=2a°，
  ∠PAO+∠PBO
  =a°+2a°=3a°=90°，a=30
  ∠AOP=4a°=30°×4=120°
6 $\overparen{AB}=\overparen{BD}$ であるから，∠ADB=∠DAB，PY は接線であるから，

∠ABP＝∠ADB，よって，
∠DAB＝∠ABP，AF∥PB，また，
AP∥FB であるから四角形 APBF
は平行四辺形，PA＝BF，仮定より，
PA＝AC，よって，AC＝BF，AC∥
BF，1組の対辺が平行で等しいか
ら，四角形 ABFC は平行四辺形．

7 四角形 ABCD は円に内接するか
ら，∠DAB＝∠DCE，
$\overset{\frown}{AD}$ に対する円周角であるから，
∠DBA＝∠DCA，また，∠DCE＝
∠DCA，よって，
∠DAB＝∠DBA，DA＝DB

《強化問題》

(1) $43°$
㋺ ∠DAB＝$(180°−54°)÷2=63°$
∠ACB＝∠DAB＝$63°$

(2) ① △ADE と △BCE において，
∠DAE＝∠ABE，∠DAE＝∠EAB，
よって，∠ABE＝∠EAB，
AE＝BE…①，∠CBE＝∠EAB，
よって，∠DAE＝∠CBE…②
対頂角であるから，
∠AED＝∠BEC…③
①，②，③から，1辺とその両端の角
が等しい．
∴ △ADE≡△BCE

② $90°+\dfrac{a°}{2}$

㋺ ∠PAB＝$\dfrac{1}{2}(180°−a°)$，
∠EAB＝∠EBA＝$\dfrac{1}{4}(180°−a°)$，
∠AEB＝$180°−\dfrac{1}{4}(180°−a°)×2$
　　　$=90°+\dfrac{a°}{2}$

(3) ① △ACD と △BCE において，
△ACB は直角二等辺三角形から，
AC＝BC…①

∠ACD＝$90°−$∠DCB＝∠BCE…②
四角形 CDBE は円に内接しているの
で∠ADC＝∠BEC…③
②，③から，∠CAD＝∠BCE…④
①，②，④から，1辺とその両端の角
が等しい．
∴ △ACD≡△BCE

② ア $2\sqrt{5}$ cm　㋺ AB＝$4\sqrt{2}$ cm，
AD＝BE＝$3\sqrt{2}$ cm，DB＝$\sqrt{2}$ cm
イ $\dfrac{5}{4}$ cm²　㋩ EF：FD＝EB：BD
＝$3\sqrt{2}$：$\sqrt{2}$＝3：1，
△CDE＝$\dfrac{1}{2}×2\sqrt{5}×\sqrt{5}=5$ (cm²)

第50日

1 ア．CDE　イ．DCE
ウ．2組の角がそれぞれ等しい．

2 (1) $78°$　㋺ ∠BAC＝∠BDC＝$68°$
(2) 4.2 cm　㋺ △BAE∽△CDE

3 (1) $90°$
(2) △ABC と △EDC において，
∠BAC＝∠DEC＝∠R…①
∠ACB＝∠ABE＝∠ECD
＝$30°$…②
①，②より，2組の角がそれぞれ等
しい．∴ △ABC∽△EDC

(3) $\dfrac{2}{3}\pi$ cm

4 △ABC と △AFE において，
∠BAC＝∠FAE…①
$\overset{\frown}{AB}$ に対する円周角であるから，
∠ACB＝∠ADB，
∠ADB＋∠DAB
＝∠AED＋∠DAB＝∠R，よって，
∠ACB＝∠AEF…②
①，②から2組の角がそれぞれ等し
い．∴ △ABC∽△AFE

5 (1) △BCE と△CFE において，∠BEC＝∠CEF…①，BF は接線であるから，∠CBE＝∠BAC，AB∥DF であるから，∠BAC＝∠FCE，よって，∠CBE＝∠FCE…② ①，②から2組の角がそれぞれ等しい。∴△BCE∽△CFE
(2) $\frac{4}{3}$ cm ㊥ △BCF∽△ABC，BC：CF＝AB：BC

≪強化問題≫
(1) △APE と△CDE において，∠APE＝∠CDE＝∠R…①，∠AEP＝∠CED…② ①，②から2組の角がそれぞれ等しい。∴△APE∽△CDE
(2) ① △AFC と△DFB において，$\overarc{BC}$ に対する円周角だから，∠CAF＝∠BDF…①，∠AFC＝∠DFB…② ①，②から2組の角がそれぞれ等しい。∴△AFC∽△DFB
② 4cm ㊥ ∠DAC＝∠CAB から，CD＝BC＝2cm，△FAD∽△FCB，FD：FB＝AD：CB，(4＋2)：3＝AD：2
(3) ① △ABF と△ADC において，$\overarc{AC}$ に対する円周角であるから，∠ABF＝∠ADC…① $\overarc{BD}＝\overarc{DE}＝\overarc{EC}$ であるから，∠FAB＝∠CAD…② ①，②から2組の角がそれぞれ等しい。∴△ABF∽△ADC
② $b＝\frac{180-a}{3}$ ㊥ △DCG で，$b+2b+a=180$
(4) △ACD と△CEF において，$\overarc{CD}$ に対する円周角であるから，∠CAD＝∠CBD，CF∥BD であるから，∠CBD＝∠ECF よって，∠CAD＝∠ECF…① AB＝AC より，∠ABC＝∠ACB…② $\overarc{AB}$ に対する円周角であるから，∠ADB＝∠ACB…③ CF∥BD であるから，∠CFD＝∠ADB…④ また，∠ABC＝∠CDF…⑤ ②，③，④，⑤から，∠CDF＝∠CFD，∠ADC＝∠CFE…⑥ ①，⑥から2組の角がそれぞれ等しい。∴△ACD∽△CEF

第51日

1 3824 ㊥ ①から 24 か 39 ②から 824 ③から 3824（0 を公倍数としないとき）

2 (1) 1986 年
(2) 1.0°

3 (1) $2×3×7^2$
(2) 7 cm
㊥ $490=2×5×7^2$，$735=3×5×7^2$
(3) 30 個 ㊥ $2×3×5=30$

4 39 ㊥ $2^2×3×13×3×13＝(2×3×13)^2$

5 ① × ② ○ ③ × ④ ○ ⑤ ○

6 ウ ㊥ イ $\sqrt{15}$ は 4 より小さい。エ $\sqrt{2670}=51.67$

7 25, 81

8 ab

第52日

1 (1) ① $l=22(r-a)$
② $l=18(r+b)$
③ $S=66(r-a)$
(2) 297 秒後
㊥ $66(r-a)÷\frac{2}{9}(r-a)$

2 (1) $60a+b+\dfrac{c}{60}$ (分)

(2) $y=\dfrac{25}{2}x$　㊉ $y=\dfrac{1000x}{80}$

3 (1) $1000a+100b+10c+d$

(2) 1, 9

(3) $89b+8$

(4) 1089

㊉ $c=89b+8$, c は1けたの整数であるから, $b=0$

4 順に -3, 2, 4, $-\dfrac{3}{2}$

㊉ $1+ab=-5$, $-1+a+2b=0$

5 8　㊉ $a=2$ を $4a=c$ に代入する。

6 (1) $(y+3)(x-2)$

(2) (3, 3), (4, 0)

㊉ $y+3=2$, $y+3=1$ から y は負の数

7 $\dfrac{3}{2}$

8 (1) $(a+3b)(a-b)$

(2) 0, $\dfrac{16}{9}$

㊉ $a=-3b$, $a=b$ を代入する。

第53日

1 5分後

2 12個

㊉ $27+x+21+x=5(6+x)$, $x=6$

3 $20x+60(1140-x)$, $x=760$, アルミ缶 760個, スチール缶 380個

4 1007個

㊉ $90x+17=100(x-1)+7$ を解くと, $x=211$

5 14人　㊉ $\dfrac{1}{2}x-4+22=x$, $x=36$

6 25°C

㊉ $5(331+0.6x)=1730$, $x=25$

7 20人　㊉ $5x=\dfrac{8(x+6)}{2}$, $x=24$

8 (1) $(3600-75x)$m, $(3000+75x)$m

(2) 3300 m

㊉ $3600-75x=3000+75x$,
$x=4$, $3600-75\times 4=3300$

第54日

1 4倍

㊉ $9x+4y=6x+16y$, $x=4y$

2 143名

㊉ $4x=7y$, $5(x-3)=8(y+3)$ を解く。

3 $a=\dfrac{4}{5}$, $x=\dfrac{19}{5}$, $y=\dfrac{11}{5}$

4 (1) $x+y=\dfrac{x}{3}+3y+4$,

$x+y+\dfrac{x}{3}+3y=40$,

$\begin{cases} 2x-6y=12 \\ 4x+12y=120 \end{cases}$ を解くと,

$x=18$, $y=4$

(2) 6, 9

5 $x=17$, $y=0.4$

6 (1) 321人

(2) $1.1x$ 人

(3) 男子 132人, 女子 189人

7 (1) $\dfrac{9x(15-x)}{8}$ cm²

(2) 7, 8

㊉ $x^2-15x+56=0$ を解く。

第55日

1 $y=17$ ㊎ $y-2=3(x+3)$ に $x=2$ を代入する。

2 (1) $6°C$ (2) $y=6x+16$

3 (1) 下図

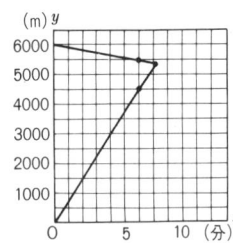

(m) y
6000
5000
4000
3000
2000
1000
0 5 10 (分) x

(2) 750 m

(3) $y=-\dfrac{250}{3}x+6000$

(4) 5400 m

㊎ 連立方程式を解くと，$x=\dfrac{36}{5}$, $y=5400$

4 (1) 14 秒
(2) $y=12x-42$

5 (1) $\dfrac{3}{4}$
(2) $y=3x-2$
(3) $(2, 4)$
(4) 5
(5) $y=\dfrac{3}{4}x+\dfrac{11}{8}$

㊎ $y=\dfrac{3}{4}x+b$ に $x=\dfrac{3}{2}$, $y=\dfrac{5}{2}$ を代入する。

6 $k=\dfrac{13}{2}$

第56日

1 (1), (4)

2 (1) -4
(2) $\dfrac{1}{3}\leqq a \leqq \dfrac{8}{3}$
(3) $(6, -12)$
㊎ B の x 座標，y 座標の符号が変わる。
(4) $-4\leqq y \leqq 16$

3 (1) $\left(-\dfrac{3}{2}, 0\right)$
㊎ $0=-2x-3$ を解く。
(2) $y=-2x-15$
㊎ 傾きは -2
(3) $y=-4x-3$
(4) $\left(-\dfrac{3}{5}, -\dfrac{9}{5}\right)$, $(1, -5)$
㊎ y 座標は $y=-2x-3$ に $x=-\dfrac{3}{5}$, 1 を代入して求める。

4 (1) $y=\dfrac{1}{2}x+3$
(2) $3:1$
㊎ 三角形の底辺の比
(3) $a=1$
(4) $\left(3, \dfrac{9}{2}\right)$
㊎ $\dfrac{1}{2}x^2=\dfrac{1}{2}x+3$ を解いて x 座標を求める。

第57日

[1] (1) 12
   (2) 22

[2] (1) 6
   ⊕ A③とB③，B③とA③は2回数えている。
   (2) $\frac{3}{8}$ ⊕ $\frac{1+2+2+3+1}{24}$

[3] $\frac{1}{5}$ ⊕ $\frac{2\times 2}{5\times 4}$

[4] (1) 20通り
   (2) $\frac{1}{5}$ ⊕ $\frac{4}{20}$
   (3) $\frac{17}{20}$

[5] $\frac{7}{12}$
   ⊕ $a=2$ のとき b は1通り，
   $a=3$ のとき b は3通り，
   $a=4$ のとき b は5通り，
   $a=5$，$a=6$ のとき b は6通りずつ。
   $1+3+5+6+6=21$

第58日

[1] イ

[2] (1) 四角形 ABCD は平行四辺形であるから，EB=BA=CD…①，
   ∠BEF=∠BAD=∠DCF…②，
   対頂角であるから
   ∠BFE=∠DFC…③　②，③から
   ∠FBE=∠FDC…④　①，②，④から1辺と両端の角が等しい。
   ∴ △FBE≡△FDC
   (2) 1:12　⊕ △FDB=4△FEC，
   ▱ABCD=3△FDB
   (3) 70°
   ⊕ ∠BED=(180°−40°)÷2=70°，
   ∠FEC=40°

[3] (1) $\frac{1}{6}$ ⊕ $\frac{MN}{BD}=\frac{PM}{PB}=\frac{0.5}{3}$
   (2) 1 cm
   ⊕ CF=AB−AC=2(cm)

[4] (1) △BQC，△LQK，△AKC，△PKA
   (2) ① $\sqrt{7}$ cm
   ⊕ KH=$\sqrt{3}$ cm，HC=2 cm
   ② $\frac{2\sqrt{7}}{21}$ cm
   ⊕ PQ：$\frac{1}{3}$=2：$\sqrt{7}$

[5] (1) 2:3
   ⊕ AP:PM=AB:MQ=1:1.5
   (2) 4:1
   ⊕ BP:PN=BR:NA=2:0.5
   (3) 2 cm²
   ⊕ ▱ABCD：△ABN=4:1

[6] (1) 30 cm
   (2) 15分45秒
   ⊕ $18000\sqrt{2}\pi \times \frac{7}{8} \div 1000\sqrt{2}\pi$
   $=\frac{63}{4}$(分)

第59日

1 17 cm
㊟ 方程式を解くと, $x=3$, $x=-9$, 斜辺の長さは $14+3$(cm)

2 (1) ②>④>①>③
㊟ ② $(2+\sqrt{2})a$, ④ πa, ① $3a$, ③ $(1+\sqrt{3})a$
(2) ④>②>①>③
㊟ ④ $\frac{\pi}{4}a^2$, ② $\frac{a^2}{2}$, ① $\frac{\sqrt{3}}{4}a^2$, ③ $\frac{\sqrt{3}}{6}a^2$

3 $36\sqrt{3}-12\pi(\text{cm}^2)$
㊟ $6\times6\sqrt{3}-\pi\times6^2\times\frac{120}{360}$

4 $\frac{15}{4}$cm　㊟ 5：8＝PM：6

5 2 cm，6 cm
㊟ $x^2+3^2+(8-x)^2+4^2=8^2+1^2$

6 (1) $(4-2r)^2+(6-2r)^2=(2r)^2$, $5-2\sqrt{3}$(cm)
(2) $h=\frac{2}{3}r^3$

7 (1) $54\sqrt{3}$ cm²
㊟ $(12\sqrt{2}+6\sqrt{2})\times3\sqrt{6}\div2$
(2) $4\sqrt{3}$ cm　㊟ $216\div18\sqrt{3}$

第60日

1 64°　㊟ (180°−52°)÷2

2 (1) AD//BC, AD＝BC であるから四角形 ABCD は平行四辺形，ゆえに ∠ABE＝∠FDC…①
BC は直径であるから，
∠BAE＝∠DFC＝∠R…②
①，②から2組の角が等しい。ゆえに，△ABE∽△FDC
(2) $2\sqrt{5}$ cm　㊟ $\sqrt{4^2+2^2}$
(3) △ABE＝$\frac{5}{4}S$，△FCE＝$\frac{1}{4}S$

3 (1) $\overparen{DB}$ に対する円周角であるから，∠PAD＝∠PCB…①
$\overparen{AC}$ に対する円周角であるから，
∠ADP＝∠CBP…②
①，②から2組の角が等しい。
ゆえに，△APD∽△CPB
(2) 45°　㊟ 90°÷2
(3) 2秒
㊟ AP＝x として，
$x(8-x)=2x(10-2x)$ を解くと
$x=4$

4 (1) 62°
(2) 121°　㊟ 62°＋118°÷2

5 (1) 34°　㊟ (180°−112°)÷2
(2) 28°，118°
㊟ ∠P″AB＝$\frac{1}{2}$∠P″OB,
∠P′AB＝$\frac{1}{2}$∠P′OB
＝$\frac{1}{2}$×(360°−124°)

6 $6\sqrt{2}$ cm　㊟ $\frac{3\sqrt{2}}{2}\times2\times2$(cm)

7 AとC，DとBを直線で結ぶ。
△ACP と △DBP において，$\overparen{BC}$ に対する円周角であるから，
∠CAP＝∠BDP…①　$\overparen{AD}$ に対す

る円周角であるから，
∠ACP＝∠DBP…②　　①，②から
2組の角がそれぞれ等しい。

∴　△ACP∽△DBP
∴　PA：PD＝PC：PB，
PA×PB＝PC×PD